Andreas Lück

BOX-LEGENDEN
Die berühmtesten Boxer der Welt

Titelbilder:
Der »Größte«: Muhammad Ali während eines Fights (oben).
Gute Freunde: Max Schmeling und Joe Louis (unten links).
Box-Brüder: Die Klitschkos (unten Mitte).
Bad Guy: Mike Tyson in Aktion (unten rechts).

Alle Informationen und Ratschläge in diesem Buch wurden sowohl von dem Verfasser als auch vom Verlag sorgfältig erwogen und geprüft. Dennoch erfolgen alle Angaben ohne Gewähr. Eine Haftung des Verlages und seiner Beauftragten für Personen-, Sach- und Vermögensschäden ist ausgeschlossen.

ISBN 978-3-613-50718-0

Copyright © 2013 by Verlag pietsch, Postfach 103742, 70032 Stuttgart
Ein Unternehmen der Paul Pietsch Verlage GmbH & Co. KG

1. Auflage 2013

Sie finden uns im Internet unter www.pietsch-verlag.de

Nachdruck, auch einzelner Teile, ist verboten. Das Urheberrecht und sämtliche weiteren Rechte sind dem Verlag vorbehalten. Übersetzung, Speicherung, Vervielfältigung und Verbreitung einschließlich Übernahme auf elektronische Datenträger wie CD-ROM, Bildplatte usw. sowie Einspeicherung in elektronische Medien wie Bildschirmtext, Internet usw. sind ohne vorherige schriftliche Genehmigung des Verlages unzulässig und strafbar.

Lektorat: Susanne Fischer
Text, Konzept & Redaktion: Andreas Lück
Einbandgestaltung: Jürgen Termer
Innengestaltung: Yinin Got (büro bataakoon), Claudia Lieb
Bilder: **pa•picture alliance** Ein Unternehmen der dpa-Gruppe

Druck und Bindung: Bechtel Druck GmbH & Co. KG, 73061 Ebersbach/Fils
Printed in Germany

Vorwort

Was macht einen Boxer zur Legende? Sicher sind es außergewöhnliche sportliche Erfolge, die zum unsterblichen Ruhm beitragen – aber es braucht auch eine spezielle Aura, die einen Boxer zur Legende werden lässt. Beides trifft auf die in diesem Buch beschriebenen Box-Legenden zu, die auch für mich zu Idolen wurden.

Immer wieder habe ich mir die Kämpfe der berühmten Champions angesehen, also jene unvergessenen Fights, die bei Boxfans noch heute für Gänsehautschauer sorgen. Ob »Rumble in the Jungle« oder »Thrilla in Manila«, dieses Buch hält die Erinnerung an die glorreichen Zeiten der besten Schwergewichtsweltmeister wach. Und es macht wirklich Spaß, durch die Seiten zu blättern, um mit den Helden der Königsklasse den Gipfel zu erstürmen und sie während des oft so tragischen Abschieds wieder nach unten zu begleiten.

Einige der im Buch genannten Champions – allen voran Max Schmeling – zählen zu meinen ganz großen Idolen. Sportlich und menschlich habe ich viel von ihnen gelernt, um schließlich meinen eigenen Weg zu finden. So habe ich im Unterschied zu einigen besonders schillernden Heroen stets auf große Sprüche verzichtet – auch wenn es für die Öffentlichkeit amüsant sein mag, so ist es doch einfach nur eine Show, um die Aufmerksamkeit für einen Kampf zu steigern. Mich ließen verbale Attacken immer kalt – die Antwort auf große Sprüche habe ich lieber im Ring gegeben.

Boxen ist seinem Wesen nach ein blutiger und brutaler Sport. Der Weg zum Erfolg ist hart. Oft entscheidet nach jahrelangem tagtäglichen Training nur ein einziger Punch über die Zukunft. Insbesondere die mit immenser Schlagkraft ausgestatteten Schwergewichtler riskieren bei jedem Kampf viel. Wir Athleten wissen das und haben deshalb – bei aller Show im Umfeld – großen Respekt voreinander und vor der bevorstehenden Aufgabe. Und nicht selten wurden aus vermeintlichen Feinden im Ring Freunde: Joe Louis und Max Schmeling verband eine enge Freundschaft, und auch Frazier und Foreman söhnten sich am Ende mit Ali aus. Nicht unverständlich, denn der Respekt voreinander wächst. Gerade nach einem Kampf, der auf Augenhöhe geführt wird.

Beim Boxen geht es nicht nur um körperliche Kraft, sondern auch um Klugheit, Willensstärke, Charakter und Stehvermögen – und die in diesem Buch beschriebenen Box-Legenden sind dafür das beste Beispiel. Jeder Boxkampf hat eine unglaubliche Symbolkraft. Er steht – komprimiert auf Minuten – für das Leben und für die vielen Kämpfe, die man selbst privat und beruflich auszutragen hat. Und wer einmal einen Fight live erlebt hat, wird etwas aus der Arena mitnehmen, das ihn persönlich in der eigenen Lebenswelt weiterbringen kann. Wer erlebt hat, mit welcher Willenskraft große Boxer um den Sieg kämpfen, wird etwas von dieser Power in sich aufnehmen. Boxen – das hat immer auch etwas mit einer unglaublichen Motivation zu tun. Der Zuschauer fragt sich nicht selten, wie es den einzelnen Akteuren manchmal gelingt, die vermeintliche Niederlage noch abzuwenden.

In diesem Buch werden Sie lesen, dass viele der Box-Legenden aus schwierigen sozialen Verhältnissen stammen: Ja, Sylvester Stallones »Rocky« ist kein Klischee – das alles war wirklich so, und Joe Frazier hat im Schlachthof tatsächlich gegen Rinderhälften geboxt! Für viele Champions, die als Jugendliche auf der Straße lebten, war Sport der letzte Strohhalm, zum Beispiel für Sonny Liston, der Boxen im Gefängnis lernte. Wie schön: Manch ein Champion erinnerte sich nach dem Ende der Karriere an die Anfänge und engagierte sich sozial, wie zum Beispiel George Foreman, der Kindern und Jugendlichen hilft, so wie ihm seinerzeit selbst geholfen wurde. Die Ausübung unseres Sports macht uns gerade für junge Menschen glaubwürdig. Ich bin vom pädagogischen Aspekt des Boxens tief überzeugt und engagiere mich mit der »Henry Maske Stiftung A Place for Kids«. Unsere Stiftung soll Jugendlichen Selbstvertrauen und eine neue Perspektive geben, aber sie auch lehren, Verantwortung für das eigene Tun zu übernehmen.

Mit Boxen kann man gar nicht früh genug anfangen. Evander Holyfield begann als Knirps von acht Jahren, und ich selbst besuchte schon als Sechsjähriger mein erstes Boxtraining – und war sofort vom Boxfieber gepackt. Wie bei vielen Box-Legenden der Königsklasse verlief dann auch meine Amateurkarriere stürmisch; sie gipfelte im Olympiasieg von Seoul 1988. Nach dem Wechsel ins Profilager geriet ich in die richtigen Hände – ein Glück, das nicht alle der in diesem Buch erwähnten Box-Legenden teilen durften: Manch einer wurde zum Spielball wirtschaftlicher Interessen und fallengelassen, wenn er keinen Profit mehr abwarf – Sonny Liston ist dafür das beste Beispiel.

In meiner Profikarriere durfte ich wunderbare Erfolge feiern, gipfelnd in dem Weltmeistertitel im Halbschwergewicht. Und ich bin ein wenig stolz darauf, dass ich meinen Teil dazu beitragen konnte, dass Deutschland Anfang der 1990er Jahre einen wahren Box-Boom erlebte. Das war ja nicht immer so: Man denke zurück an die Zeiten, als Jack Dempsey in Saloons der Goldgräber mit bloßen Händen um ein paar Dollar boxte. Später dann die Zeiten, als Mafiosi über den Ausgang der Kämpfe bestimmten und dem Boxen ein halbseidenes Image verpassten. Schließlich die für den Zuschauer oft nicht nachvollziehbare »Inflation der Champions«, die dazu beitrug, dass Boxen unattraktiv und unpopulär wurde. Mittlerweile hat der Boxsport die Talsohle durchschritten und erfreut sich heute wieder einer breiten gesellschaftlichen Akzeptanz. Und allen, die noch keinen Zugang gefunden haben, empfehle ich dieses Buch – es wird das Feuer wecken!

Henry Maske

Inhalt

08-19	**01**	Jack Dempsey
20-31	**02**	Max Schmeling
32-41	**03**	Joe Louis
42-53	**04**	Rocky Marciano
54-65	**05**	Sonny Liston
66-77	**06**	Muhammad Ali
78-89	**07**	Joe Frazier
90-99	**08**	George Foreman
100-111	**09**	Mike Tyson
112-119	**10**	Evander Holyfield
120-131	**11**	Lennox Lewis
132-139	**12**	Die Klitschkos
140-145		Boxen in Deutschland
146-151		Frauenboxen
152-157		Background-Infos

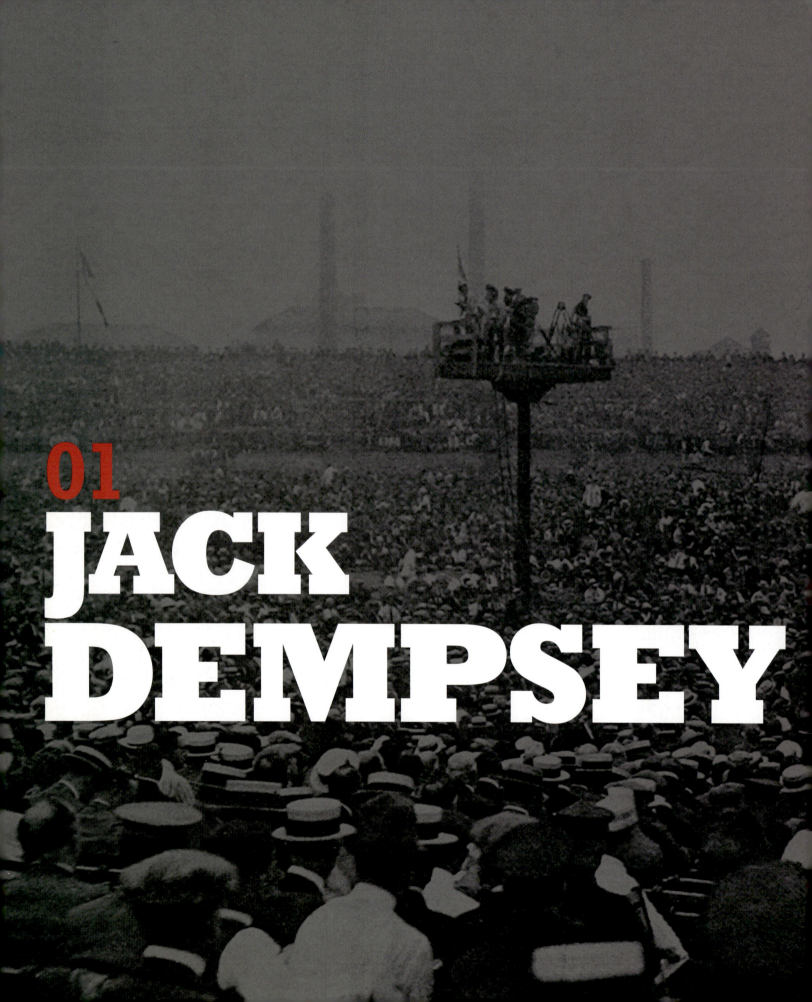

01 JACK DEMPSEY

2. Juli 1921. Jack Dempsey im Kampf gegen den Franzosen Georges Carpentier. 80.000 Zuschauer bejubeln die Boxer. Dieser Boxkampf wird live im Radio übertragen – erstmals in der Geschichte des Boxens.

Jack Dempsey, einer der angriffsstärksten Boxer aller Zeiten.

Die Kampfmaschine

Jack Dempsey ist in den 1920er Jahren neben Baseballspieler Babe Ruth der berühmteste Sportstar der USA. Der »Manassa Mauler« gilt als Prototyp des kompromisslosen Angriffsboxers, der mit seiner furchteinflößenden Schlagkraft nur auf eins aus ist: den K.-o.-Sieg. Jack Dempsey hält den Weltmeistertitel von 1919 bis 1926 und verteidigt ihn fünfmal – eine der besten Erfolgsserien in der Boxgeschichte! Mit Dempsey wird Boxen zum Massenereignis und Millionengeschäft.

HARTE KINDHEIT

Jack Dempsey stammt aus bitterarmen Verhältnissen. Seine Eltern, ursprünglich aus West Virginia, konvertieren um 1880 zum Mormonen-Glauben und siedeln nach Manassa in Colorado um. In diesem winzigen Nest wird Jack am 24. Juni 1895 als William Harrison Dempsey als neuntes von elf Kindern geboren und nach den Grundsätzen mormonischen Glaubens erzogen.

Dempseys Vater und seine beiden älteren Brüder verdienen ihren kargen Lohn als Minenarbeiter. Den Jobs folgend, zieht die Familie kreuz und quer durch Colorado und Utah. Die Kindheit ist bitter. Bereits im Alter von acht Jahren schuftet Jack als Erntehelfer auf einer Farm. In den Folgejahren nimmt er jeden Job an, den er kriegt: Er arbeitet auf Farmen, in Minen und auch als Cowboy auf Ranches. Boxen ist schon in dieser frühen Zeit ein Thema, denn Bernie, Dempseys älterer Bruder, schlägt sich als Preisboxer in Kneipenkeilereien durch. Bernie soll es auch gewesen sein, der seinem kleinen Bruder zeigt, wie man kämpft, wie man Pinienharz kaut, um die Kiefer zu stärken, und wie man das Gesicht mit Salzwasser einweicht, um die Haut widerstandsfähiger zu machen. Als Dempsey zwölf Jahre alt ist, siedelt sich seine Familie in Provo, Utah, an. Er besucht dort die Lakeview Elementary School, verlässt sie aber bald wieder, um Geld zu verdienen. Fortan arbeitet er als Schuhputzer und Erntehelfer und verlädt in einer Zuckerfabrik Rüben – für erbärmliche zehn Cent pro Tonne. Mit 15 Jahren kehrt Dempsey seiner Familie den Rücken zu – auf der Suche nach Glück und einem besseren Leben.

AUF DER STRASSE

Mit knapp 16 Jahren beginnt Dempsey mit dem Boxen und entwickelt sich schnell zu einem geschickten Kämpfer. Bald wird ihm auch klar, dass er mit seinen Fäusten mehr Geld verdienen kann als mit herkömmlicher Arbeit. Hungrig nach Erfolg und immer auf der Suche nach einem bezahlten Fight zieht der Heranwachsende jahrelang wie ein Landstreicher durch die verruchten Saloons der Goldgräberorte der Rocky Mountains. Teilweise springt er nachts auf Güterzüge, um in andere Städte zu gelangen. Er übernachtet in den Hobo-Camps der Wanderarbeiter, nimmt jeden Kampf an, der sich bietet, und freut sich über die Handvoll Dollar, die nach den Fights von Zuschauern in einen herumgereichten Hut geworfen werden.

Ab 1914, mit nur 19 Jahren, bestreitet Dempsey regelmäßig Profikämpfe. Er nennt sich nun »Kid Blackie«. Auch Bruder Bernie schwingt weiterhin die Fäuste, und zwar unter dem Namen »Jack Dempsey« – nach der irischen Mittelgewichtslegende. Eines Tages wird Bernie krank und kann nicht boxen. Sein jüngerer Bruder bietet an, für ihn einzuspringen. Er boxt den (klar gewonnenen) Kampf als Jack Dempsey – und wird diesen Namen nie mehr ablegen. Später, 1916, verpasst ihm Damon Runyan noch den Spitznamen »Manassa Mauler«, wohl im Hinblick auf Dempseys »hammermäßigen« Kampfstil. Und Dempsey schwingt wirklich den Hammer. Im Ring steht er für primitive Urgewalt. In vorgebeugter Haltung stürmt er drauflos, schnell, aggressiv und gnadenlos. Dempsey schlägt mit beiden Fäusten hart zu. Seine schnellen Kombinationen sind gefürchtet, ebenso sein extrem harter linker Haken. Sein ständiges Pendeln mit dem Oberkörper (»bob and weave«) ist für viele Boxer noch heute Vorbild. Kurz: Dempsey hat den Killerinstinkt, den man beim Schwergewichtsboxen braucht um zu gewinnen. Kein Wunder, dass viele seiner Gegner bereits in der 1. Runde K.o. gehen.

MIT DEM DOC ZUM ERFOLG

Bis 1917 hat sich Jack Dempsey eine gehörige Reputation erboxt. Man wird auf ihn aufmerksam. Zudem begibt er sich jetzt in die Obhut des mit allen Wassern gewaschenen Jack »Doc« Kearns. Der Promoter weiß, wie man mit Dempsey Geld macht; er ist es jedoch auch, der ihn zum Erfolg führt. Dempsey trainiert jetzt systematisch und verfeinert seine Technik. Doch auf dem Weg nach oben gibt es Rückschläge. In Erinnerung bleibt vor allem der Kampf im Jahr 1917 gegen »Fireman« Jim Flynn, bei dem Dempsey nach einem linken Haken schon in der 1. Runde k.o. geht. Es ist seine erste und einzige K.-o.-Niederlage. Im Rückkampf 1918 rächt sich Dempsey: Ihm gelingt ebenfalls ein K.-o.-Sieg in der 1. Runde. Nachdem Dempsey 1918 und Anfang 1919 zahlreiche schnelle K.-o.-Siege einfährt, bringt ihm dies schließlich den Kampf gegen den Schwergewichtsweltmeister Jess Willard (»The Great White Hope«) ein. Der von Boxpromoter George »Tex« Rickard veranstaltete Fight findet am 4. Juli 1919 in Toledo (Ohio) statt. Dempsey scheint gegen den knapp zwei Meter großen und mehr als 28 Kilo schwereren Champion nicht den Hauch einer Chance zu haben, und die Boxwelt spricht von einem Kampf David gegen Goliath. Doch Dempsey zeigt den 20.000 Zuschauern, was er drauf hat, attackiert von Beginn an wie wild und schickt den sichtlich nicht austrainierten Willard bereits in der 1. Runde mehrmals auf die Bretter. Gnadenlos hageln Dempseys Schläge auf den 37 Jahre alten Willard ein – nie zuvor (und niemals danach) wird ein amtierender Champion in der 1. Runde so mitleidlos auseinandergenommen.

Nach dem siebten Niederschlag zählt der Ringrichter Willard aus und erklärt Dempsey zum neuen Champion. Jack Kearns jubelt schon, hat er doch 100.000 Dollar auf einen Sieg seines Schützlings in der 1. Runde gesetzt! Doch dann das Unfassbare: Der Ringrichter hat in der Hitze des Gefechts die Glocke überhört, ruft Dempsey, der sich schon außerhalb des Rings bejubeln lässt, zurück und lässt den Kampf fortsetzen. Das Gemetzel geht weiter, und Willard wird von Dempsey regelrecht niedergemacht. Trotzdem hält der Champion bis zur 3. Runde durch. Willard ist allerdings in bedauernswertem Zustand: Backenknochen und Rippen sind gebrochen, die Lippen aufgeplatzt, die Augen zugeschwollen und einige Zähne ausgeschlagen. Schließlich gibt er wegen seiner schweren Verletzungen in der 3. Runde auf. Nur mit letzter Kraft gelingt es dem alten Champion, selbst das Handtuch zu werfen. Jack Dempsey ist neuer Weltmeister im Schwergewicht!

1964 behauptet Jack »Doc« Kearns, er habe Dempseys Boxhandschuh mit Gips »aufgeladen«, was angesichts des böse zerstörten Gesichts von Jess Willard sogar glaubwürdig erscheinen mag. Allerdings zeigen Filmaufnahmen, dass Willard Dempseys Boxhandschuhe vor Kampfbeginn inspiziert hat – was neben vielen anderen Indizien und Aussagen klar gegen eine Manipulation spricht.

GENTLEMAN GEGEN UNDERDOG

In den nächsten sechs Jahren verteidigt Dempsey seinen Titel fünfmal, zunächst am 6. September 1920 gegen Billy Miske. Es ist eine abgesprochene Sache: Miske leidet an einer schweren Nierenkrankheit, und Dempsey kämpft nur gegen ihn, damit der Boxfreund von der Börse die hohen Kosten zur Behandlung der Krankheit begleichen

4. Juli 1919. Toledo, Ohio.

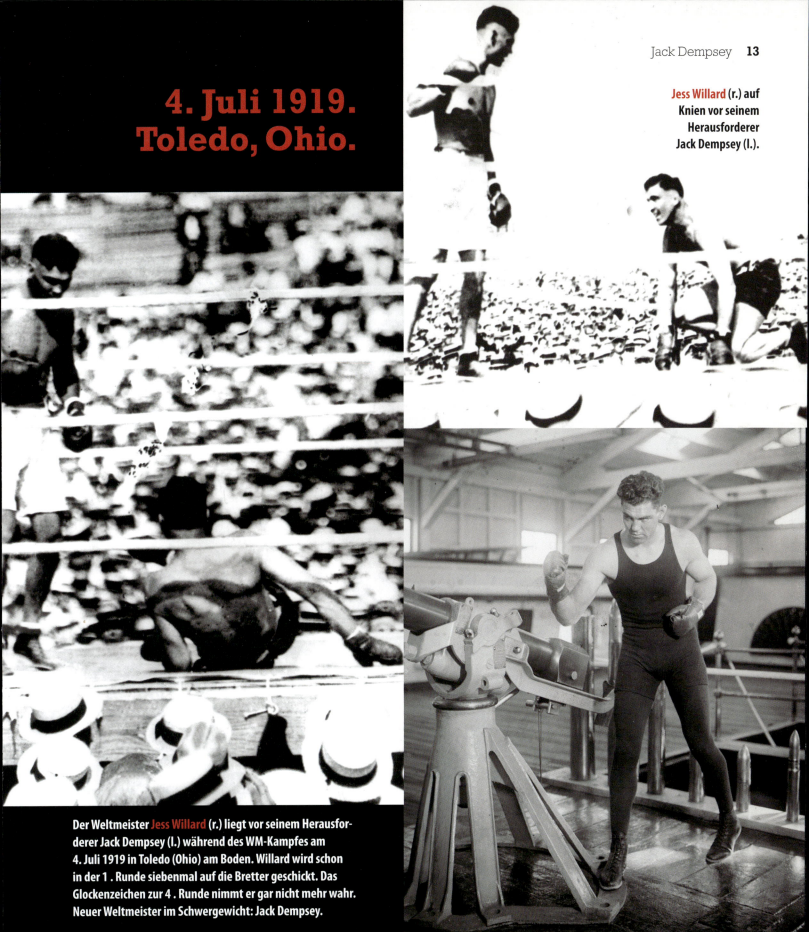

Jess Willard (r.) auf Knien vor seinem Herausforderer Jack Dempsey (l.).

Der Weltmeister Jess Willard (r.) liegt vor seinem Herausforderer Jack Dempsey (l.) während des WM-Kampfes am 4. Juli 1919 in Toledo (Ohio) am Boden. Willard wird schon in der 1. Runde siebenmal auf die Bretter geschickt. Das Glockenzeichen zur 4. Runde nimmt er gar nicht mehr wahr. Neuer Weltmeister im Schwergewicht: Jack Dempsey.

kann. Um Miske zu schonen, entscheidet sich Dempsey für eine schnelle Nummer und schlägt Miske in der 3. Runde k.o.

Trotz seiner sportlichen Erfolge (am 14. Dezember 1920 z.B. verteidigt Dempsey seinen Titel gegen Bill Brennan in New York) ist Jack Dempsey in der Öffentlichkeit nicht beliebt, vor allem weil er sich im Ersten Weltkrieg nicht zum Kriegsdienst gemeldet hat. »Everybody's Darling« auf beiden Seiten des Atlantiks ist dagegen der französische Boxweltmeister im Halbschwergewicht Georges Carpentier, der im Ersten Weltkrieg als hochdekorierter Pilot zu Ruhm und Ehre kam. Außerdem ist Carpentier nicht nur Offizier, sondern auch ein Gentleman mit gepflegten Umgangsformen und einer Vorliebe für Kunst und Literatur. Der vor Charme sprühende »Gorgeous George« ist es dann auch, der erstmals scharenweise Frauen in die Box-Arenen lockt.

Öffentlichkeitswirksam wird das bevorstehende Aufeinandertreffen von Dempsey und Carpentier als Kampf Gentleman gegen Underdog vermarktet, als Fight zwischen Draufgänger und Drückeberger. Die durchdachte Publicity steigert das Interesse am »Jahrhundertkampf« ins Unermessliche. Und als sich am 2. Juli 1921 rund 80.000 Zuschauer in New Jersey in einem speziell für den Kampf gebauten Stadion einfinden, ist die Stimmung auf dem Siedepunkt: Dempsey wird mit Buh-Rufen empfangen, während Carpentier von den Massen bejubelt wird. Und der Kampf selbst? Der Franzose macht anfangs eine gute Figur, landet zahlreiche Schläge, bricht sich in der 2. Runde jedoch den Daumen und geht nach diesem Handicap in der 4. Runde K.O.

Der Fight stellt in vielerlei Hinsicht eine historische Zäsur dar. Es ist der erste Boxkampf, der live im Radio übertragen wird – ein noch nie dagewesenes mediales Großereignis, das Boxen zum Massenvergnügen macht. Erstmals in der Boxgeschichte bringt ein Kampf auch mehr als eine Million US-Dollar ein: Boxen ist jetzt ein Millionengeschäft. Dass dies aber nicht überall funktioniert, beweist das Debakel von Shelby. Shelby, ein Provinznest in Montana mit 2.500 Einwohnern, hatte sich als Austragungsort für den Titelkampf von Jack Dempsey gegen Tommy Gibbons beworben – und was macht Jack Kearns? Er verlangt von der Gemeinde für den Kampf eine Garantiesumme von rund 300.000 Dollar – und bekommt sie! Ganz Shelby ist aus dem Häuschen und baut extra eine Arena mit über 40.000 Plätzen. Doch dann erscheinen im Juli 1923 nur 7.000 zahlende Gäste zum Kampf (den Dempsey nach Punkten gewinnt). Shelby ist ruiniert, ebenso wie drei lokale Banken, die die Summe garantiert hatten. Gibbons erhält überhaupt kein Geld, nur Kearns und Dempsey kassieren ab. Shelby wird der größte Flop der Boxgeschichte – und das größte Meisterstück von Jack Kearns.

DEMPSEY NIMMT DEN »PAMPA-STIER« AUF DIE HÖRNER

Ein weiterer populärer Gegner ist der Argentinier Luis Angel Firpo, in der Szene auch der »Wilde Pampa-Stier« genannt, weil er im Ring ebenso aggressiv auftritt wie Dempsey. Am 14. September 1923 wird der Fight in New York ausgetragen. Spannung liegt in der Luft. Und dann erleben die 85.000 Zuschauer die dramatischste 1. Runde der Boxgeschichte: Dabei wirkt eher Dempsey wie ein wilder Stier, denn von Beginn an attackiert er seinen Herausforderer mit schonungsloser Brutalität. Siebenmal geht der Argentinier in der 1. Runde zu Boden. Und dann passiert es: Nach einer Rechten fliegt Dempsey aus dem Ring auf die Schreibmaschine eines Reporters. Der Journalist hilft ihm zurück in den Ring, womit Dempsey eigentlich hätte disqualifiziert werden müssen, denn nach den Regeln muss der Boxer aus eigener Kraft in den Ring zurückkehren – doch Ringrichter Johnny Callagher sieht das anders. Dempsey darf weiterboxen. Aber er ist angeschlagen. Firpo, plötzlich obenauf, versucht nun, den K.-o.-Treffer zu landen, dann ertönt der Gong – Chance verpasst! Die Pause reicht Dempsey, um neue Kraft zu schöpfen. In der 2. Runde macht er kurzen Prozess und schlägt Firpo k.o. Der Kampf dauert nur wenige Minuten, schreibt jedoch Geschichte.

Und dann diese Szene: Als der Argentinier noch wie ein nasser Sack am Boden liegt, hilft Dempsey ihm hoch. Wenig später – im Ring wimmelt es schon von Gratulanten – bahnt sich der Sieger den Weg durch die Menge zu Firpo und muntert ihn auf. Auch solche Gesten der Fairness sind typisch für Dempsey: So unbarmherzig er im Kampf gegenüber seinen Gegnern auftritt, so zollt er ihnen doch stets Respekt. Dieser von Dempsey

2. Juli 1921. New Jersey.

Das war's: Jack Dempsey schlägt Carpentier in der 4. Runde K.o.

Der charmante Georges Carpentier – hier »in Zivil« – lockt erstmals Frauen scharenweise in die Boxarena.

Diese Lithographie von George Bellows zeigt die unvergessene Szene der 1. Runde im Fight gegen den Argentinier Luis Angel Firpo am 14. September 1923. Nach einem Schlag fliegt Dempsey aus dem Ring in die Reihen der Reporter auf eine Schreibmaschine und zertrümmert das Gerät. Er kehrt in den Ring zurück. Der Kampf wird fortgesetzt. Dempsey schlägt Firpo in der 2. Runde k.o.

Jack Dempsey und Jack »Doc« Kearns. Der »größte Boxmanager aller Zeiten« (Ring Magazine) betreut Dempsey von 1917 bis 1923 als Manager. Mit dem Doc kommt für Dempsey der Erfolg – und das ganz große Geld.

1925 heiratet Jack Dempsey die Hollywoodschauspielerin **Estelle Taylor.** Dempsey ist viermal verheiratet. Aus den Ehen gehen drei Kinder hervor.

»HONEY, I FORGOT TO DUCK.«

Jack Dempsey auf die Frage seiner Frau, warum er gegen Gene Tunney verloren habe.

oft demonstrierte Sportsgeist gilt vielen Boxern noch heute als Maß aller Dinge. Übrigens: Auch die Regeln im Profiboxsport werden nach dem Firpo-Kampf geändert. Fortan muss der Boxer nach einem erzielten Niederschlag in die neutrale Ecke, damit sein Gegner die Chance hat, wieder aufzustehen. Und der Fight hat noch ein Nachspiel: Dempsey wirft Kearns Unterschlagung vor. Es kommt zum Zerwürfnis, gefolgt von etlichen Gerichtsprozessen. Von nun an gehen Dempsey und Kearns getrennte Wege.

SÜSSES LEBEN UND BITTERE NIEDERLAGE

In den nächsten drei Jahren lässt es Dempsey ruhig angehen. Pflichtverteidigungen sind seinerzeit nicht vorgeschrieben, und so begnügt er sich mit Schaukämpfen, unter anderem 1925 gegen Max Schmeling in Deutschland. Starken schwarzen Boxern wie Harry Wills geht er aus dem Weg. Im gesellschaftlichen Leben ist Dempsey umso aktiver. Mittlerweile einer der prominentesten Sportler der Welt, genießt er Ruhm und Luxus, besucht mondäne Parties, reist um den Globus und ist auch in Hollywoodfilmen mit von der Partie. Bei Dreharbeiten zu »Manhattan Madness« lernt Dempsey die Stummfilm-Diva Estelle Taylor kennen, die er 1925 heiratet. An der Seite seiner bildhübschen Frau ist er später auch am Broadway in dem Stück »The Big Fight« zu sehen. Außerdem spielt Dempsey in einer Handvoll weiterer Filme mit, so 1933 als Promoter in der Komödie »The Prizefighter and the Lady«, sowie in »Sweet Surrender«. Doch bald ist es mit dem süßen Leben vorbei. Am 23. September 1926 wartet in Philadelphia Gene Tunney auf Dempsey. Für die Boxfans ist es völlig undenkbar, dass der nunmehr überaus beliebte Champion seinen Titel verlieren könnte. Doch Tunney hat bis zum Umfallen trainiert, und als er Dempsey gegenübersteht, verfügt er über eine ungeheure Schlagkraft und eine exzellente Kondition. Dempsey ist die lange Pause hingegen nicht bekommen, und die 120.000 Zuschauer merken bald, dass dies nicht mehr der »Mankiller« von früher ist. Zehn Runden dauert der Kampf. Dempsey verliert ihn

Der „Battle of the Long Count": Im Rückkampf um den Weltmeistertitel am 22. September 1927 in Chicago schlägt Jack Dempsey Gene Tunney in der 7. Runde k.o. Doch er bleibt über dem Niedergeschlagenen stehen, geht nicht schnell genug in die neutrale Ecke. Der Ringrichter beginnt verspätet mit dem Anzählen. Tunney erholt sich – und gewinnt den Kampf.

schließlich nach Punkten. Als ihn seine Frau nach dem Kampf fragt, was denn passiert sei, antwortet der böse zugerichtete und mit blauen Flecken übersäte Dempsey mit dem berühmten Satz: »Honey, I forgot to duck« (Schatz, ich habe vergessen, mich zu ducken).

BATTLE OF THE LONG COUNT

Dempsey drängt auf die Revanche. Nach einem durch Knockout gewonnenen Aufbaukampf gegen Jack Sharkey kommt es am 22. September 1927 zum Rückkampf gegen Gene Tunney. Auf dem Soldier Field in Chicago versammeln sich dazu etwa 150.000 Zuschauer. Tunney dominiert auch diesen Kampf. Dann erhält Dempsey in der 7. Runde allerdings seine Chance: Er schlägt Tunney zu Boden. Doch der Ringrichter zählt nicht, denn gemäß der neuen Regel kann er damit ja erst beginnen, sobald Dempsey in der neutralen Ecke steht. Dempsey schaltet aber nicht schnell genug. Obwohl der Ringrichter ihn in die Ecke verweist, steht er eine halbe Ewigkeit siegesgewiss über dem zu Boden gegangenen Tunney und starrt ihn angriffslustig an – bereit, ihm den Rest zu geben, falls Tunney sich wagen sollte, wieder aufzustehen. Schließlich eskortiert ihn der Ringrichter in die Ecke und zählt Tunney erst danach an. Dempsey hat damit mindestens fünf wertvolle Sekunden und den möglichen Knockout verschenkt. Tunney erholt

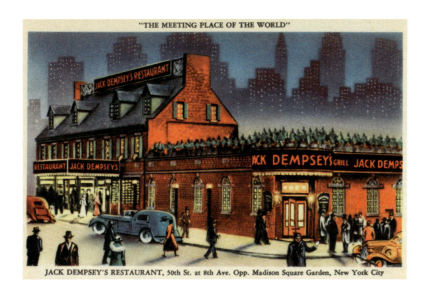

Hier trifft sich die Welt: Nach dem Rückzug vom Boxsport eröffnet Jack Dempsey in New York ein beliebtes Restaurant. Er ist bekannt für seine Gastfreundschaft, und offensichtlich hat er am Small Talk mit seinen Gästen echtes Vergnügen. Auch Boxer sind regelmäßig in Jack Dempseys Restaurant zu Gast, unter anderem Max Schmeling.

sich und kommt bei »9« wieder auf die Beine. Nach der 10. Runde steht er als Punktsieger fest.

Als »Battle of the Long Count« geht dieser kontrovers diskutierte Kampf in die Boxgeschichte ein. Und auch in seiner schlimmsten Stunde beweist Dempsey wieder ungeheuren Sportsgeist. Noch völlig benebelt, ist sein erster Gedanke, dem Gegner zu gratulieren. Da er nicht mehr geradeaus laufen kann, bittet er seinen Trainer: »Führ mich zu ihm. Ich möchte seine Hand schütteln.« Übrigens: Immer wieder wird kolportiert, dass Gangsterboss Al Capone Dempsey überreden wollte, den Kampf zu seinen Gunsten zu manipulieren, der Boxer dies aber abgelehnt habe – eine dieser vielen Legenden, die sich um Jack Dempsey ranken.

DIE LEBENDE LEGENDE

Nach dem verlorenen Rückkampf gegen Tunney zieht sich Dempsey vom Boxsport zurück. In den 1930er Jahren ist er nur noch in Schaukämpfen und als Ringrichter zu sehen. In New York eröffnet er ein Restaurant – Dempsey ist bereits zu dieser Zeit eine lebende Legende.

Im Zweiten Weltkrieg dient Jack Dempsey als Freiwilliger bei der Küstenwache und lässt damit alle Vorwürfe, er sei ein »Drückeberger«, verstummen. 1950 wird er von Associated Press zum besten Boxer der ersten Jahrhunderthälfte gewählt. 1954 hält er Einzug in die Boxing Hall of Fame, und 1966 eröffnet in seinem Geburtshaus in Manassa das Jack Dempsey Museum. Als Jack Dempsey 1975 seinen 75. Geburtstag im Madison Square Garden feiert, singen 19.000 Gäste »Happy Birthday«. Am 31. Mai 1983 stirbt Jack Dempsey im Alter von 87 Jahren an Herzversagen.

Jack Dempsey

GEBURTSNAME: William Harrison Dempsey
KAMPFNAME: Kid Blackie, Manassa Mauler, Mankiller
GEBURTSTAG: 24. Juni 1895
GEBURTSORT: Manassa, Colorado (USA)
NATIONALITÄT: USA
WELTMEISTER IM SCHWERGEWICHT: 1919–1926
TODESTAG: 31. Mai 1983
TODESORT: New York (USA)

KÄMPFE: 83
SIEGE: 66
K.-O.-SIEGE: 50
NIEDERLAGEN: 6
UNENTSCHIEDEN: 11

02
MAX
SCHMELING

Max Schmeling besiegt Joe Louis am 19. Juni 1936 in New York. Mit dem größten Kampf seines Lebens schreibt Max Schmeling Boxgeschichte.

Der schwarze Ulan vom Rhein

Max Schmeling, bis heute einer der beliebtesten deutschen Sportler, ist zwischen 1930 und 1932 Boxweltmeister im Schwergewicht – und damit erster europäischer Champion der Königsklasse. Seine Kampfbilanz ist beeindruckend: In 70 Profikämpfen erzielt er 56 Siege, davon 40 Knockouts. Mit seinem K.-o.-Sieg über Joe Louis geht Max Schmeling in die Boxgeschichte ein. Doch er ist mehr als ein Boxer, ihn umgibt eine gewisse Aura, und die macht ihn in den 1920er und 1930er Jahren zum Darling der Avantgarde – auch Marlene Dietrich zählt zu seinen Fans.

Max Adolph Otto Siegfried Schmeling wird am 28. September 1905 in Klein-Luckow (Brandenburg) geboren. Sein Vater ist Seemann, arbeitet als Steuermann bei der Hamburg-Amerika-Linie. Max wächst in Hamburg auf, wo die Familie seit 1906 lebt. Er geht dort zur Schule und beginnt mit 14 Jahren eine kaufmännische Lehre bei einer Werbeagentur. Der Junge ist sportlich, treibt Leichtathletik, spielt Fußball. Den Boxsport – der während des Kaiserreiches in Deutschland verboten war – kennt er nur aus den Seemannsgeschichten des Vaters. Als der 16-Jährige im Kino allerdings einen Film über den Weltmeisterschaftskampf zwischen Jack Dempsey und Georges Carpentier sieht, ist er schwer beeindruckt. Max schaut den Film gleich mehrmals an, kauft sich ein paar Tage später gebrauchte Boxhandschuhe und trägt den ersten »Fight« im Wohnzimmer eines Freundes aus. Fortan lässt ihn das Boxen nicht mehr los, das Boxfieber hat ihn gepackt.

EIN NEUER STERN AM BOXHIMMEL

Der unglaublich schnelle Aufstieg beginnt im Rheinland, damals Top Spot des deutschen Boxsports. Der 17-jährige Schmeling landet zuerst in Düsseldorf und tritt in einen Kraftsportverein ein. Seine Brötchen verdient er derweil als Arbeiter bei einer Brunnenbaufirma. Als ihn das Unternehmen 1923 nach Köln-Mülheim versetzt, erlernt Schmeling dort in einem Amateurverein die Grundfertigkeiten des Boxens. Zunächst boxt er als Halbschwergewicht und wechselt, nachdem er es 1924 bis zum Deutschen Amateur-Vizemeister gebracht hat, ins Profilager. Am 2. August 1924 gibt Max Schmeling dann in der Düsseldorfer Tonhalle sein erfolgreiches Debut als Profi gegen Jean Czapp. In Folge gewinnt er fast alle Kämpfe und hat sogar die Gelegenheit, gegen Jack Dempsey anzutreten, der im Rahmen seiner Hochzeitsreise durch Europa tingelt und Schaukämpfe veranstaltet. Als einer von drei Kölner Boxern darf Schmeling zwei Runden

Max Schmeling und Jack Dempsey liefern sich am 20. Februar 1925 in Köln einen Schaukampf. Die beiden treffen sich später immer wieder, werden Freunde. Wegen ihrer Ähnlichkeit werden die Boxer oft verwechselt. Sie machen sich einen Spaß daraus und ziehen zur allgemeinen Verwirrung manchmal gleiche Kleidung an.

Max Schmeling beim Training. Er bereitet sich auf den Kampf um die Deutsche Meisterschaft im Box-Schwergewicht gegen **Franz Diener** am 4. April 1928 vor.

gegen sein Idol boxen – und landet sogar einen Treffer. Schmeling geht nach Berlin, denn er weiß, dass der Weg nach oben nur über die Hauptstadt führt. Er wird Protégé von Arthur Bülow, dem Chefredakteur des »Boxsport«, und trainiert vor den Toren Berlins in ländlicher Idylle im Boxcamp Max Machons, der bis zu Schmelings Karriereende dessen Trainer bleibt. Am 24. August 1926 wird es ernst: Max Schmeling kämpft in Berlin gegen Max Diekmann um den Titel des Deutschen Meisters im Halbschwergewicht. 4.000 Menschen strömen in den Lunapark, um den unter freiem Himmel ausgetragenen Kampf zu beobachten. Sie freuen sich auf einen möglichst langen und erbitterten Kampf, doch schon nach 30 Sekunden schlägt Schmeling seinen Gegner k.o. und wird danach als neuer Stern am Boxhimmel gefeiert.

SIEG GEGEN DIENER

In den nächsten zehn Monaten gewinnt Schmeling zehn Kämpfe, acht davon durch K.o. Beim Kampf Nummer 10 am 19. Juni 1927 in der Dortmunder Westfalenhalle geht es um den Europameistertitel. Sein Gegner, der Belgier Fernand Delarge, gibt in der 13. Runde weinend auf – und ist seinen Titel los. 1928 wechselt Max Schmeling in die Schwergewichtsklasse und gewinnt am 4. April 1928 den Deutschen Meistertitel in einem verbissenen Kampf gegen Franz Diener. Ein schmerzhaftes Erlebnis überschattet die Erfolge dieser Zeit: Bei einer Spritztour mit einer Harley Davidson, die Max Schmeling von seinen wachsenden Boxeinkünften gekauft hatte, ereignet sich ein Unfall, bei dem seine 14-jährige Schwester Edith ums Leben kommt.

DIE NEUE WELT

Nach seiner Siegesserie in Deutschland schickt sich Max Schmeling an, die Neue Welt zu erobern. Er reist nach New York, doch weil ihn dort niemand kennt, bekommt er keinen Kampf. Das ändert sich, als Joe Jacobs die Bühne betritt. Der umtriebige, stets auf einer Zigarre kauende Jacobs wird sein Manager in den USA. Das Energiebündel bringt Schmeling in den Ring – und in die Schlagzeilen. »Du musst jeden Tag in der Zeitung stehen«, beschwört ihn Jacobs, der ein Meister der Publicity ist und dafür sorgt, dass Schmeling auf Schritt und Tritt von einem Fotografen begleitet wird. Jacobs ist es auch, der Schmeling den Kampfnamen »Der schwarze Ulan vom Rhein« verpasst.

Seinen ersten Kampf in den USA gewinnt der (grippegeschwächte) Schmeling am 24. November 1928 gegen Joe Monte durch Knockout in Runde 8, danach marschiert er durch und darf schon nach wenigen Siegen am 12. Juni 1930 in New York gegen Jack Sharkey um den Weltmeistertitel im Schwergewicht kämpfen, der seit Gene Tunneys Rücktritt vakant ist – und Tunney möchte natürlich live erleben, wer sein Nachfolger wird: Der Champion ist einer von 79.222 Zuschauern, die im Yankee Stadium bei dem auf 15 Runden angesetzten Kampf dabei sind. Runde 1 ist ausgeglichen, Runde 2 und Runde 3 gehen klar an Sharkey. Vor allem in der 3. Runde gerät Schmeling unter Druck, wird von einem wuchtigen rechten Aufwärtshaken am Kinn getroffen und von einer Serie rechter Geraden in die Seile getrieben. Dann die 4. Runde: Sharkey ist aktiver, setzt Schmeling weiter zu. Fünf Sekunden vor Ende der Runde

1930 & 1932. Sieg und Niederlage gegen Jack Sharkey.

Skandal: Jack Sharkey besiegt Max Schmeling (rechts mit Bademantel) am 21. Juni 1932 in New York. Damit ist er den Weltmeistertitel wieder los.

Am 12. Juni 1930 wird Max Schmeling (l.) in New York durch einen Disqualifizierungssieg über den Amerikaner **Jack Sharkey** Boxweltmeister aller Klassen. »Dieser Sieg war nichts für mich wert«, meint Schmeling später. Auch Deutschland macht sich über ihn lustig: »Wenn de jetzt nicht ruhig bist, schlag ich dir unter den Gürtel, dass de Weltmeister wirst«, wird in Berliner Kabarettbühnen zum Witz der Saison.

Max Schmeling mit dem begehrten Schwergewichtsgürtel. Neben ihm sein Manager Joe Jacobs (wie immer mit Zigarre) und Nat Fleischer (r.), Herausgeber des »Ring Magazine«.

geht Schmeling nach einem krachenden Aufwärtshaken zu Boden, wo er gekrümmt vor Schmerzen liegen bleibt. Ringrichter Jim Crowley zählt Schmeling an. Der hält sich eine Hand vor den Unterleib und deutet mit der anderen an, dass Sharkey ihn unter der Gürtellinie getroffen hat. Crowley zählt weiter. Er kommt bis »6«, dann erklingt die Glocke. Schmeling bleibt liegen. Max Machon stürmt in den Ring, um ihm auf die Beine zu helfen. Crowley berät sich mit den Punktrichtern. Der Gong zur 5. Runde ertönt. Schmeling ist in seine Ecke geschleppt worden, wo er in sich zusammengesunken sitzt. Sharkey stürmt auf seinen kampfunfähigen Gegner zu, fordert ihn auf zu boxen. Doch Schmeling kann nicht mehr. Crowley diskutiert weiter mit den Punktrichtern, die Manager reden auf ihn ein. Die Spannung ist nicht mehr zu ertragen. Längst ist die Arena ein Hexenkessel. Wie wird der Ringrichter bloß entscheiden? Dann signalisiert Crowley: Der Kampf ist aus! Sharkey ist disqualifiziert und Schmeling neuer Weltmeister im Schwergewicht. Er ist der erste Deutsche, der diesen Titel erringt, und der erste, der durch eine Disqualifikation Champion wird. Schmeling möchte den Titel nicht annehmen, lässt sich dann aber überreden und sagt Sharkey sofort einen Rückkampf zu. Der spektakuläre WM-Kampf ist übrigens Anlass für eine Regeländerung: Fortan werden Boxer für einen Tiefschlag nicht mehr disqualifiziert, sondern nur noch verwarnt.

LIEBLING DER MASSEN

Als am 3. Juli 1931 der Titelkampf gegen Young Stribling ansteht, geht es für Max Schmeling um die Reputation als Sportler. Er gewinnt durch Technischen K.o. in der 15. Runde; damit verteidigt er seinen Titel und ist nun unumstrittener Weltmeister im Schwergewicht. Am 21. Juni 1932 kommt es schließlich zum lange erwarteten Rückkampf gegen Sharkey. Schmeling ist haushoch überlegen, muss aber völlig überraschend eine Punktniederlage hinnehmen. Es ist ein Skandalurteil – finden auch viele Amerikaner.

In Deutschland sorgt Max Schmeling danach auf anderer Ebene für Schlagzeilen. So heiratet er am 6. Juli 1933 die Filmschauspielerin Anny Ondra, mit der er bis zu deren Tod im Jahr 1987 zusammen sein wird. Aber das junge Glück wird überschattet vom aufkommenden Nationalsozialismus. Hitlers Schergen versuchen, Schmeling umgehend für die NS-Propaganda zu instrumentalisieren. So wird der Boxer 1935 aufgefordert, sich von seiner tschechischen Ehefrau und seinem jüdischen

Max Schmeling und Ehefrau Anny Ondra im Jahr 1933.

»I'VE SEEN SOMETHING.«

Max Schmeling

Manager Joe Jacobs zu trennen, doch er schafft es, sich zu widersetzen. Auch später wird er seine Popularität und seinen Einfluss immer wieder geltend machen, um Juden und anderen Verfolgten in Deutschland zu helfen – und dabei selbst sein Leben riskieren. So versteckt er während der »Reichskristallnacht« zwei jüdische Kinder in einem Hotel.

Auch wenn Max Schmeling nicht mehr Weltmeister ist, so bleibt er Liebling der Massen. Das wird auch am 26. August 1934 beim siegreichen Kampf gegen Walter Neusel in Hamburg deutlich. Etwa 100.000 Menschen bejubeln den Fight – nie zuvor und niemals danach strömten in Europa so viele Zuschauer zu einem Boxkampf. Spektakulär ist im Frühjahr 1935 auch der Rahmen für Schmelings Kampf gegen den Amerikaner Steve Hamas, für den in Hamburg in 42 Tagen die Hanseatenhalle aus dem Boden gestampft wird. 25.000 Menschen finden dort Platz, 5.000 mehr als im New Yorker Madison Square Garden. Schmeling gewinnt und bereitet damit den Weg für weitere Kämpfe in den USA.

JOE LOUIS AM BODEN

Am 19. Juni 1936 steht Max Schmeling im New Yorker Yankee Stadium gegen Joe Louis im Ring. Der »braune Bomber« nimmt den Kampf offensichtlich nicht ganz ernst. So ist er in seinem Trainingscamp in Lakewood (New Jersey) öfter auf dem Golfplatz zu sehen als beim Boxtraining. Warum sollte er sich auch Sorgen machen? Seine Bilanz von 27:0 ist ja beeindruckend, und Schmeling gilt als Champion von gestern. Was Joe Louis nicht weiß: Max Schmeling bereitet sich akribisch auf den Kampf vor und studiert den Boxstil seines Kontrahenten immer wieder anhand von Filmaufnahmen. »Vor dem Kampf war ich ziemlich sicher, meinen Gegner bewusster analysiert und folglich besser begriffen zu haben als er sich selbst«, erinnert sich Max Schmeling später. Und der Deutsche entdeckt tatsächlich eine Schwachstelle: Joe Louis hat die Angewohnheit, seinen linken Arm nach einem Schlag unten zu lassen – damit ist der Weg für Schmelings zerstörerische Rechte frei. »I've seen something«, verkündet er Reportern schmunzelnd – der Spruch soll im amerikanischen Boxsport zum geflügelten Begriff werden. Es geht um keinen Titel, aber Schmeling muss gewinnen, um seine Chance auf die Krone zu wahren. Und man merkt in dem auf 15 Runden angesetzten Kampf sofort, dass er auch den Willen dazu hat. Die ersten drei Runden sind ausgeglichen. In der 4. Runde setzt Schmeling durch die Deckungslücke

New York. 19. Juni 1936.
Sieg über Joe Louis.

Max Schmeling hat gerade einen Titan zu Boden geschickt.

Total fertig, aber überglücklich: Max Schmeling auf dem Weg in seine Garderobe.

Drei starke Typen: Max Schmeling, Max Machon und Johnny Weissmüller (»Tarzan«) am Strand von Miami (v.l.).

eine brutale Rechte: Joe Louis geht zu Boden – das hat bisher kein anderer geschafft. Runde 12: Schmeling liegt klar vorn, aber er will den Knockout. Dann schlägt seine Rechte wieder zu. Erst trifft sie den Körper, dann das Kinn seines Gegners. Louis geht zu Boden. … Seven … Eight … Nine … dann breitet Ringrichter Arthur Donovan die Arme aus. Knockout! Louis liegt immer noch auf der Matte, und es ist typisch für Schmeling, dass er ihm als Erster hilft, wieder auf die Beine zu kommen. Nach dem Kampf reist Schmeling standesgemäß mit dem Zeppelin »Hindenburg« zurück nach Deutschland, wo er in Frankfurt von jubelnden Massen begrüßt wird. Danach geht es direkt nach Berlin zum Empfang bei Hitler. In Deutschland wird der Kampf von der NS-Propaganda wollüstig ausgeschlachtet. So bereitet man Filmmitschnitte zu einem reißerischen Dokumentarfilm auf, der unter dem Titel »Max Schmelings Sieg – ein deutscher Sieg« wochenlang in den Kinos läuft.

ZWEI MINUTEN MORD UND TOTSCHLAG

Durch den Sieg über Joe Louis hat Max Schmeling die Chance, seinen Weltmeistertitel zurückzuholen und als erster das eherne Gesetz des Boxsports »They never come back« zu brechen. Doch dann geschieht etwas Unfassbares: Max Schmeling – nach seinem Sieg über Joe Louis eigentlich Herausforderer Nr. 1 – wird die Chance auf einen Titelkampf verwehrt. Zwar ist sein Fight gegen den amtierenden Weltmeister Jimmy Braddock ausgehandelt und für Juli 1937 angesetzt, doch Braddock lässt den Kampf platzen. Was keiner weiß: Braddock hat sich längst für einen Kampf gegen Joe Louis entschieden, der nach diesem Fight erwartungsgemäß Weltmeister wird.

Max Schmeling erhält eine zweite Chance. Am 22. Juni 1938 tritt der 32-Jährige als Herausforderer gegen den 23-jährigen nunmehr amtierenden Champion Joe Louis an. Wieder New York. Wieder das Yankee Stadium. Und wieder viel Prominenz im Publikum, darunter Clark Gable, Douglas Fairbanks und Gregory Peck. Aber sonst ist alles anders als beim Hinkampf 1936: Hitler hat gerade Österreich »angeschlossen«, und in Europa liegt Krieg in der Luft. Wie sehr sich die Stimmung in Amerika gewandelt hat, belegt auch eine Episode im Weißen Haus: Präsident Franklin D. Roosevelt, der in den frühen 1930er Jahren mit Max Schmeling korrespondierte und ihn 1932 vor dem Fight gegen Jack Sharkey unterstützt hatte, lädt Joe Louis ins Weiße Haus ein. Er befühlt seine Muskeln und sagt: »Joe, wir brauchen Muskeln wie deine, um Deutschland zu besiegen.« Obwohl Schmeling nicht mit den Nazis sympathisiert, ist er für die amerikanische Öffentlichkeit »Hitlers Boxer«. Den Rest besorgt die Nazipropaganda, die das Aufeinandertreffen zum

Schicksalskampf des »arischen Herrenmenschen« gegen den »schwarzen Untermenschen« stilisiert. Schmeling bekommt die antideutsche Stimmung schon bei seiner Ankunft mit der »Bremen« in New York zu spüren. Am Pier recken ihm die Menschen drohend die Fäuste entgegen und halten Plakate mit der Aufschrift »Herrenmensch« in die Höhe. Auch später, im Hotel, protestieren sie. Dort erhält Schmeling Tausende Drohbriefe, und auf dem Broadway grüßt man ihn höhnisch mit erhobener Hand.

Aber auch Joe Louis muss sich seltsam gefühlt haben. Er wird als Held bejubelt, der im Boxring Amerikas freiheitliche Werte verteidigt. Doch ist er, wie alle seine afroamerikanischen Mitbürger, in den USA der 1930er Jahre alles andere als frei: Schwarze dürfen nicht essen, wo sie wollen, sie dürfen nicht zur Schule gehen, wo sie wollen, und sie dürfen nicht wohnen, wo sie wollen. Das gilt sogar für einen Schwergewichtsweltmeister. So hätte Joe Louis in seinem Trainingscamp Pompton Lages in New Jersey wohl gerne ein Haus erworben – aber niemand hätte zu dieser Zeit Besitz an einen Schwarzen verkauft.

OPFER IHRER ZEIT

USA gegen Nazi-Deutschland, Demokratie gegen Diktatur, Schwarz gegen Weiß: Der Fight zwischen Schmeling und Louis wird wie kein anderer in der Geschichte des Boxens von der Weltpolitik geprägt. Die beiden Boxer, die später gute Freunde werden, sind schlichtweg Opfer ihrer Zeit.

Für beide geht es um alles: Der favorisierte Louis wäre im Falle einer Niederlage ruiniert, und ein unterlegener Schmeling – so das Gerücht – würde nach der Rückkehr in Deutschland mit Sicherheit von den Nazis umgebracht. Das Stadion ist ausverkauft. 75.000 Zuschauer. Die Atmosphäre ist wie elektrisiert. Schmelings Gang von der Umkleidekabine in den Ring wird zu einem Spießrutenlauf. Die aufgebrachte Menge beschimpft den Boxer, bewirft ihn mit Bananenschalen, Pappbechern und Zigarettenschachteln. Dann die Glocke zur 1. Runde. Joe Louis geht deutlich besser vorbereitet in den Kampf als 1936. Er hat hart trainiert und aus den Fehlern des Hinkampfes gelernt. Er will diesen Sieg, und er will ihn schnell. Joe Louis greift sofort an. Ein ganze Serie grausamer Kopf- und Körperschläge hagelt auf Schmeling nieder. Er kommt nicht weg, schafft es nicht, sich zu befreien, geht zweimal zu Boden, steht wieder auf, ist dann zum dritten Mal auf den Brettern, steht aber bei »3« wieder. Schmelings Trainer Max Machon hat genug gesehen: Er wirft das Handtuch. Als Ringrichter Donovan es beiseite legt und weiterkämpfen lässt, steigt er sogar in den Ring, um Schmeling vor den Schlägen seines Gegners zu schützen. Donovan will ihn aus seinem Reich vertreiben, doch Machon schreit: »Ich lasse meinen Mann nicht totschlagen. Hast du keine Augen im Kopf? Er hat genug!« Donovan bricht den Kampf ab. Das Ganze dauert nur 124 Sekunden, aber der Fight ist einer der brutalsten aller Zeiten. Louis landet 41 vernichtende Schläge. »2 Minuten Mord und Totschlag«, titelt die Presse. In Deutschland wird die Liveübertragung im Radio nach dem K.-o.-Schlag unterbrochen – keiner soll mitbekommen, wie Schmeling aus dem Ring getragen wird. Die Fans von Joe Louis sind dagegen außer sich vor Glück und feiern auf den Straßen. Derweil liegt Max Schmeling mit zertrümmerten Lendenwirbeln im Krankenhaus – und erhält schon am Tag nach dem Kampf Besuch vom deutschen Botschafter. Er solle doch bitte öffentlich bekunden, dass die Niederlage nur durch ein Foul ermöglich wurde, und Protest einlegen – doch Schmeling zieht nicht mit. Und das hat Konsequenzen. Zwar lässt ihn die Nazi-Propaganda noch nicht gänzlich fallen (und lanciert Berichte, dass es sich um einen regelwidrigen Nierenschlag gehandelt habe), doch als Schmeling im Anschluss an den zweiwöchigen Klinik-Aufenthalt nach Deutschland zurückkehrt, bleibt der Jubelempfang aus. Die Nazis wollen ihn loswerden – und schicken Schmeling später auch zu diesem Zweck in den Krieg.

KRIEG UND KARRIEREENDE

Schmeling boxt nie mehr in den USA, erzielt jedoch auf dem alten Kontinent noch einige Erfolge. So holt er sich am 2. Juli 1939 gegen Adolf Heuser den Titel des europäischen Schwergewichtsmeisters – seinen Gegner schlägt er in der 1. Runde k.o. Es ist vorerst Schmelings letzter Kampf. Danach kauft er das Rittergut Ponickel in Pommern und zieht sich mit seiner Frau dorthin zurück. 1940 erhält Schmeling als einer von wenigen prominen-

Geldsorgen treiben den 42-jährigen Max Schmeling nach dem Krieg wieder in den Ring. Am 28. September 1947 besiegt er in Frankfurt am Main den 16 Jahre jüngeren Magdeburger **Werner Vollmer** durch K.o. in der 7. Runde. Am rechten Knie trägt Schmeling eine Bandage – die Folge einer Meniskusoperation.

ten Sportlern den Einberufungsbefehl zur Wehrmacht. Am Angriff auf das von England verteidigte Kreta am 20. Mai 1941 nimmt er als Fallschirmjäger teil, wird verletzt und später vom Kriegsdienst befreit. 1945 flieht Max Schmeling mit seiner Frau aus Pommern und lebt seit 1946 in Hamburg. Er hat Geldsorgen, und deshalb steigt der 42-Jährige am 28. September 1947 wieder in den Ring, um Werner Vollmer deutlich zu besiegen. Seinen letzten Kampf bestreitet er am 31. Oktober 1948 in Berlin gegen Richard Vogt, dem er nach Punkten unterliegt. Danach verabschiedet er sich als Profiboxer.

Nach dem Karriereende macht Max Schmeling als erfolgreicher Unternehmer von sich reden. Er erhält die Coca-Cola-Generalvertretung für Norddeutschland und kommt zu Wohlstand. Mit dem verdienten Geld unterstützt er auch Joe Louis, außerdem spendet er wiederholt für karitative Zwecke. 1991 wird Max Schmeling als erster und bislang einziger Deutscher in die International Boxing Hall of Fame aufgenommen. Längst eine Legende und vielfach ausgezeichnet, stirbt Max Schmeling am 2. Februar 2005 im Alter von 99 Jahren.

Max Schmeling

GEBURTSNAME: Max Adolph Otto Siegfried Schmeling
KAMPFNAME: Der schwarze Ulan vom Rhein
GEBURTSTAG: 28. September 1905
GEBURTSORT: Klein-Luckow, Brandenburg (Deutschland)
NATIONALITÄT: Deutsch
WELTMEISTER IM SCHWERGEWICHT: 1930-1932
TODESTAG: 2. Februar 2005
TODESORT: Hollenstedt (Deutschland)

KÄMPFE: 70
SIEGE: 56
K.-O.-SIEGE: 40
UNENTSCHIEDEN: 4
NIEDERLAGEN: 10

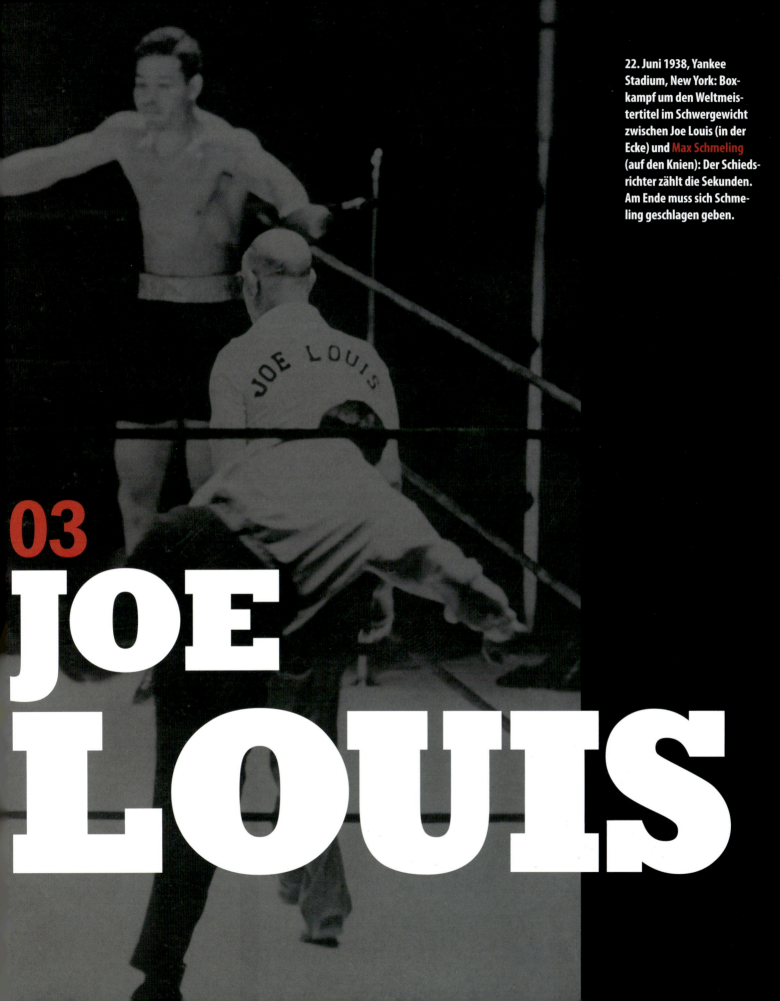

22. Juni 1938, Yankee Stadium, New York: Boxkampf um den Weltmeistertitel im Schwergewicht zwischen Joe Louis (in der Ecke) und **Max Schmeling** (auf den Knien): Der Schiedsrichter zählt die Sekunden. Am Ende muss sich Schmeling geschlagen geben.

03 JOE LOUIS

Der »braune Bomber«

Joe Louis gilt als einer der besten Boxer der Geschichte. Er hat die Krone von 1937 bis 1949 inne und ist damit am längsten ununterbrochen Weltmeister. 25 Mal verteidigt er seinen Titel – das hat kein anderer Champion vor und nach ihm geschafft. In 72 Profikämpfen muss Joe Louis nur drei Niederlagen hinnehmen. Und ob er es will oder nicht: Der »braune Bomber« ist auch eine politische Symbolfigur. Für die diskriminierten Afroamerikaner wird er zum Idol und Hoffnungsträger.

EINE NEUE LIEBE

Joe Louis ist ein Kind der Südstaaten. Am 13. Mai 1914 wird er als siebtes von acht Kindern in einer baufälligen Behausung nahe der Ortschaft La Fayette in Alabama geboren. Seine Eltern, Munroe Barrow und Lillie (Reese) Barrow, sind Kinder ehemaliger Sklaven und schlagen sich in der von Rassendiskriminierung geprägten Südstaatenwelt als Farmpächter durch. Über Joes Kindheit ist wenig bekannt. Man weiß allerdings, dass er bis zum Alter von sechs Jahren unter einer Sprachstörung leidet und wenig spricht. 1916 wird sein Vater in eine psychiatrische Klinik eingeliefert, und 1920 (erst nachdem man ihr versichert hatte, dass Munroe gestorben sei) heiratet die Mutter erneut. In Wahrheit lebt Joes leiblicher Vater bis 1938 – den Ruhm, den sein Sohn erlangt, nimmt er niemals wahr. 1926 geht die Familie nach Detroit, wo Joe und sein Bruder in der Ford-Autofabrik arbeiten. Seine Mutter versucht, ihn für das Geigenspiel zu begeistern, doch Joes Interesse gilt eher handfesteren Hobbies. Im Alter von 15 Jahren entdeckt er den Boxsport. Seine neue Liebe hält er jedoch vor der Mutter geheim – so dient ihm der Geigenkasten als prima Versteck für Boxhandschuhe.

Anfang 1932 bestreitet Joe Louis als 17-Jähriger seinen ersten Amateurkampf gegen Johnny Miller. Er verliert ihn, doch schnell offenbart sich sein Talent. Am Ende seiner Amateurkarriere verbucht Louis 50 Siege (43 Knockouts) und vier Niederlagen. Der Wechsel ins Profilager ist nur eine Frage der Zeit. Zunächst begibt sich der junge Boxer in die Hände des Detroiter Buchmachers John Roxborough und des Promoters Julian Black. Trainer wird Jack »Chappy« Blackburn. Dann das Debut als Profi am Unabhängigkeitstag: Am 4. Juli 1934 knockt Joe Louis Jack Kracken in der 1. Runde aus – und kassiert dafür 59 Dollar. Im weiteren Verlauf des Jahres trägt er zwölf Profikämpfe aus, gewinnt sie alle, zehn davon durch Knockouts.

DIE UNSICHTBARE BARRIERE

Seine Manager verschaffen Joe Louis durchaus respektable Gegner, doch der Weg zum Titel bleibt vorerst verschlossen: Eine unsichtbare Barriere hält schwarze Schwergewichtler seinerzeit von Titelkämpfen fern. Das weiße Amerika ist misstrauisch. Ungute Erinnerungen an Jack Johnson, den ersten schwarzen Schwergewichtschampion, werden wach: Johnson war ein begnadeter

Am 24. September 1935 stehen zwei große US-Boxchampions im Ring. **Max Baer,** der frühere Schwergewichts-Weltmeister von 1934, unterliegt dem kommenden Weltmeister Joe Louis, der den Titel 1937 erstmals gewinnt. Max Baer hatte seinen Titel im Juni 1935 an Jim Braddock abgeben müssen. Seit seinem siegreichen Fight gegen Max Schmeling am 8. Juni 1933 in New York trägt Max Baer, dessen Vater Jude ist, einen großen Davidstern auf der Boxhose – damit zeigt er nach der Machtergreifung der Nazis im Ring Flagge.

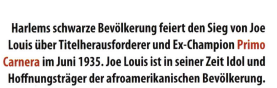

Harlems schwarze Bevölkerung feiert den Sieg von Joe Louis über Titelherausforderer und Ex-Champion **Primo Carnera** im Juni 1935. Joe Louis ist in seiner Zeit Idol und Hoffnungsträger der afroamerikanischen Bevölkerung.

Boxer, sorgte aber während seiner Regentschaft (1908-1915) als Dandy mit ausschweifendem Lebensstil und einer Vorliebe für Glückspiel, weiße Frauen, Champagner und Zigarren für Aufsehen – dies war seine Art, den lange ersehnten Triumph zu genießen. Seitdem haben die weißen Boxpromoter ein Problem mit schwarzen Boxern, verwehren ihnen Titelkämpfe und lassen manches Talent unentdeckt.

Joe Louis ist anders, auch seine Manager wissen das und positionieren ihn in der Öffentlichkeit als »guten Schwarzen«. Damit es keine Missverständnisse gibt, erhält ihr Schützling einen strikt einzuhaltenden Verhaltenskodex. Doch Joe Louis braucht sich gar nicht zu verstellen. Er hat einen ehrlichen Charakter, ist höflich und zuvorkommend, trainiert hart und ist bekannt für seine Fairness. Und so trägt er mit seiner bescheidenen Art dazu bei, dass der Boxsport, der in der Nach-Dempsey-Ära im Mafia-Sumpf zu versinken droht, den Weg aus der Image-Krise schafft. Für die afroamerikanische Bevölkerung ist Joe Louis ohnehin Idol und Identifikationsfigur. Andächtig verfolgen die Menschen seine Kämpfe im Radio und erleben in einer Zeit strikter Rassentrennung erstaunt und begeistert mit, wie ein Schwarzer im weißen Amerika zu Ruhm und Ehre gelangt.

Joe Louis kümmert es nicht, was außerhalb der Boxarena abgeht. Er spricht mit den Fäusten. Ausgestattet mit unglaublicher Schnelligkeit und vernichtender Schlagkraft fürchtet er keinen Gegner. Und die meisten seiner Kontrahenten schickt er vorzeitig ins Reich der Träume. Auch ehemalige Champions gehen vor ihm in die Knie; so verpasst Joe Louis Primo Carnera (Juni 1935) und Max Baer (September 1935) sowie anderen Boxhelden der 1930er Jahre spektakuläre Abreibungen. 1935 von Associated Press als Sportler des Jahres ausgezeichnet,

Hier geht's ums große Geld: Joe Louis und Jim Braddock unterzeichnen den Vertrag für den Titelkampf.

gilt der »braune Bomber« nun als unbesiegbar – und ist Top-Herausforderer des Weltmeisters. Vor dem möglichen Titelkampf möchte er sich jedoch noch gegen den deutschen Ex-Champion Max Schmeling in Stimmung bringen. Was eigentlich als Routineaktion geplant ist, geht gründlich schief: Am 19. Juni 1936 verliert Joe Louis gegen Max Schmeling in New York – seine erste Niederlage! Die Boxwelt steht Kopf. Und für die Afroamerikaner ist ein Mythos zerstört. Jeder Schwarze empfindet den Knockout seines Idols als persönliche Tragödie. In den Straßen New Yorks sitzen Menschen nach dem Kampf weinend am Bordstein, den Kopf in die Hände vergraben. Manchmal schlägt die Trauer auch in Wut um, so kommt es in Harlem zu gewalttätigen Ausschreitungen.

DER GRIFF NACH DER KRONE

So schmerzhaft die Niederlage gegen Max Schmeling auch ist – für Joe Louis bleibt sie nur eine Episode auf dem Weg zum Gipfel, wo jedoch vorerst noch der amtierende Weltmeister Jim Braddock thront. Und der hatte zwei Monate nach Schmelings Sieg über Joe Louis einen Vertrag für einen auf Juli 1937 angesetzten Kampf gegen Schmeling unterzeichnet. Doch dazu sollte es nicht kommen: Braddock täuscht Krankheit vor und erscheint nicht zum Wiegen. Was keiner wissen kann: In Wahrheit geht es nur ums Geld. Die Manager der beiden Boxer hatten längst einen Riesendeal ausgehandelt, der Jim Braddock für die Dauer von zehn Jahren zehn Prozent aller Einnahmen der zukünftigen Kämpfe von Joe Louis zusagte. Wer kann da schon Nein sagen? Und wie würde der Kampf vor diesem Hintergrund wohl ausgehen…? Am 22. Juni 1937 steigt Joe Louis in Chicago gegen Jim Braddock in den Ring. Der »Cinderella Man« hält sich ausgezeichnet, kann Louis in der 2. Runde mit einer Rechten ans Kinn sogar niederschlagen. Runde 6 bringt dann jedoch die Wende. Louis landet eine Reihe vernichtender Schläge an Braddocks Kopf. Der ist schwer gezeichnet, geht aber in die 7. Runde, schlägt wild um sich, in der Hoffnung auf den »Lucky Punch«. Doch es ist Louis, der weitere Wirkungstreffer setzen kann und Braddock in Runde 8 k.o. schlägt. Braddock muss medizinisch behandelt werden – mit 50 Stichen sollen seine Verletzungen genäht worden sein. Dieser Sieg steht für eine Zäsur in der Geschichte des Schwergewichtsboxens. Joe Louis wird bis 1949 Schwergewichtsweltmeister bleiben. Kein anderer vor und nach ihm hat die Krone solange inne: Zwölf Jahre lang regiert Joe Louis überlegen und unangefochten im Ring.

Seinen Titel verteidigt er erstmals am 30. August 1937 gegen den Waliser Tommy Farr, einen harten Brocken, der über 15 Runden mitgeht – und den die meisten Beobachter für den wahren Sieger halten. Nach erfolgreichen Titelverteidigungen gilt es, eine offene Rechnung mit Max Schmeling zu begleichen. Auch der Deutsche brennt darauf, sich zu revanchieren: Immer noch ist er wütend, dass er als eigentlicher Herausforderer Jim Braddocks übergangen wurde. Am 22. Juni 1938 macht Joe Louis kurzen Prozess: Er gewinnt den spektakulä-

Max Schmeling hängt im Rückkampf gegen Joe Louis am 22. Juni 1938 im New Yorker Yankee Stadium in den Seilen.

30. August 1937: In der 15. Runde landet Joe Louis einen Treffer gegen **Tommy Farr,** der sich als harter Brocken erweist und nur nach Punkten verliert.

»DU KANNST RENNEN, ABER DU KANNST DICH NICHT VERSTECKEN.«

Joe Louis (am Abend vor dem Kampf gegen Billy Conn)

1946 im Trainingscamp in Pompton Lakes, New Jersey.

Joe Louis als Soldat der US-Armee im Zweiten Weltkrieg beim Aufnähen der Sergeant-Streifen nach seiner Beförderung.

ren und von der Weltpolitik überlagerten »Schicksalskampf« nach zwei Minuten durch K.o.

HELD ALLER AMERIKANER

Nach dem Kampf gegen Max Schmeling verabschiedet sich Joe Louis für ein halbes Jahr aus dem Ring, um im Januar 1939 weiter zu boxen. Bis zum Mai 1941 verteidigt er seinen Titel 13 Mal – eine nie dagewesene Serie! In Erinnerung bleiben vor allem die denkwürdigen Fights gegen »Two Ton« Tony Galento und gegen Arturo Godoy. Seinen letzten großen Boxkampf vor der durch den Zweiten Weltkrieg bedingten vierjährigen Pause trägt Joe Louis am 18. Juni 1941 in New York gegen den brillanten Halbschwergewichtler Billy Conn aus. Conn bereitet Louis gewaltige Probleme. Er sieht über 12 Runden besser aus, Louis ist angeschlagen, schafft dann aber in Runde 13 überraschend den Knockout – bis heute gilt er als einer der besten Finisher der Boxgeschichte. Jetzt wartet die Boxwelt auf das Rematch. Doch der japanische Angriff auf Pearl Harbor am 7. Dezember 1941 macht ihnen einen Strich durch die Rechnung. Die USA treten in den Zweiten Weltkrieg ein. Joe Louis dient als Gefreiter, nutzt seinen Namen für die Rekrutierung von Afroamerikanern und setzt sich für eine gerechte Behandlung schwarzer Soldaten ein. Ihm selbst bleibt das Fronterlebnis erspart, statt dessen hilft er, die Moral der Truppe zu heben, und reist 35.000 Kilometer, um 96 Schaukämpfe vor zwei Millionen Soldaten auszutragen. Ganz Patriot, bestreitet Joe Louis im Januar und März 1942 auch zwei Charity-Kämpfe und stiftet seine Börse in Höhe von ca. 90.000 US-Dollar dem Militär. »Wir werden gewinnen, weil Gott auf unserer Seite ist«, ist einer seiner Sprüche, mit denen er die Herzen erobert – Joe Louis ist nun der Vaterlandsheld aller Amerikaner. Auch die Presse feiert den Boxer und verzichtet fortan auf rassistische Untertöne.

GEGEN JERSEY JOE WALCOTT

Nach der Entlassung aus der Army am 1. Oktober 1945 zeigt Joe Louis, dass er nichts verlernt hat. So besiegt er Billy Conn am 19. Juni 1946 in dem überfälligen Rückkampf nach Knockout in Runde 8. Mühevoller ist schon der Kampf gegen Jersey Joe Walcott am 5. Dezember 1947 im Madison Square Garden. Walcott, mit 33 Jahren sogar älter als der Champion und krasser Außenseiter, schickt den Weltmeister in der 1. Runde zweimal zu Boden, geht über die volle Distanz und scheint am Ende als Sieger im Ring festzustehen. Doch die Kampfrichter

Zweimal (1947 und 1948) verteidigt Joe Louis seinen Titel gegen Jersey Joe Walcott.

sehen das anders: Louis wird zum Gewinner erklärt, Buh-Rufe ertönen. Nur mit viel Glück ist der Champion am Titelverlust vorbeigeschrammt. Am 25. Juni 1948 kommt es zum Rückkampf. Walcott macht wieder Druck, doch in der 11. Runde blitzt die ganze Kunstfertigkeit von Joe Louis dann noch einmal auf – und das reicht, um Walcott auszuknocken.

EIN TRAURIGES KAPITEL

Die Kämpfe gegen Conn und Walcott haben gezeigt, dass Louis nicht mehr der Alte ist. Der Champion ist sich dessen bewusst und erklärt am 1. März 1949 seinen Rücktritt vom Boxsport. Es hätte ein Abtritt in Würde sein können, doch dann geschieht etwas Ungeheuerliches: Die IRS, eine staatliche Finanzbehörde, rechnet ihm die Einkünfte aus den Charity-Kämpfen während des Krieges als zu versteuerndes Einkommen an. Joe Louis hört verblüfft, dass er dem Staat insgesamt eine halbe Million US-Dollar schulde – und hat keine Wahl: Die Schulden zwingen ihn zurück in den Ring, wo er sein letztes und traurigstes Kapitel schreiben wird. Zuerst fordert Joe Louis den amtierenden Weltmeister Ezzard Charles heraus, der seinen Titel am 27. September 1950 mühelos verteidigt. Der Kampf geht über die volle Distanz. Joe Louis – mittlerweile 36 Jahre alt und seit zwei Jahren ohne Profikampf – ist nur noch ein Schatten seiner selbst. Er ist schwerfällig, und seine Schläge erzielen keine Wirkung mehr. Charles siegt klar nach Punkten. Er hätte Louis wohl auch ausknocken können, wollte ihm aber wahrscheinlich noch einen Rest an Würde lassen. Die Börse reicht nicht, um die Schulden zu begleichen. Und als man Joe Louis 300.000 Dollar für einen Fight gegen Rocky Marciano anbietet, kann er nicht Nein sagen. Der Kampf am 26. Oktober 1951 wird zu einer wahren Tragödie. Marciano steckt alle Schläge ein, man merkt, dass er sein Idol nicht entwürdigen will. Dann boxt er Louis in der 8. Runde k.o. Nach dieser furchtbaren Niederlage haben Amerikas Boxfans Tränen in den Augen. Auch Rocky Marciano weint in der Umkleidekabine. Er wird sich den Punch, mit dem er eine Legende ausknockt, nicht verzeihen, obwohl Louis ihm das niemals vorhielt. Es ist erst der zweite K.o. in seiner Karriere. Den ersten schaffte Max Schmeling 1936.

Juni 1951: Joe Louis schlägt Lee Savold k.o.

Joe Louis mit seiner ersten Frau Marva 1947 in einem Nachtclub. Der Champion ist insgesamt viermal verheiratet.

VOM CHAMPION ZUM TÜRSTEHER

Joe Louis ist immer noch in Geldnöten. Von den 4,6 Millionen Dollar, die ihm alle seine Kämpfe einbrachten, bleiben ihm 800.000 Dollar. Das Geld fließt ihm aus den Händen, denn er unterstützt großzügig Verwandte und Freunde, außerdem unternimmt er zahlreiche Fehlinvestitionen. Ende 1950 belaufen sich seine Schulden auf etwa eine Million Dollar. Er versucht alles, um sie zu begleichen, tritt dazu in Quiz-Shows auf, kämpft als Wrestler und arbeitet als Türsteher im »Caesar's Palace« in Las Vegas, wo er seit 1971 lebt. Am Ende ist Joe Louis auf die Wohltätigkeit seiner Freunde angewiesen. Max Schmeling, Sonny Liston und andere unterstützen ihn finanziell. Sein Gesundheitszustand ist mittlerweile bedauernswert, und er ist abhängig von Kokain. Joe Louis stirbt am 12. April 1981. Max Schmeling bezahlt einen Teil der Begräbniskosten.

Joe Louis erhält ein Heldenbegräbnis auf dem Nationalfriedhof Arlington: Dies ist der ausdrückliche Wunsch des US-Präsidenten Ronald Reagan – und eine späte Anerkennung der US-Regierung dafür, dass Joe Louis weit mehr war als ein Boxer.

Joe Louis

GEBURTSNAME: Joseph Louis Barrow
KAMPFNAME: Der braune Bomber
GEBURTSTAG: 13. Mai 1914
GEBURTSORT: La Fayette, Alabama (USA)
NATIONALITÄT: USA
WELTMEISTER IM SCHWERGEWICHT: 1937-1949
TODESTAG: 12. April 1981
TODESORT: Las Vegas (USA)

KÄMPFE: 72
SIEGE: 69
K.-O.-SIEGE: 55
NIEDERLAGEN: 3

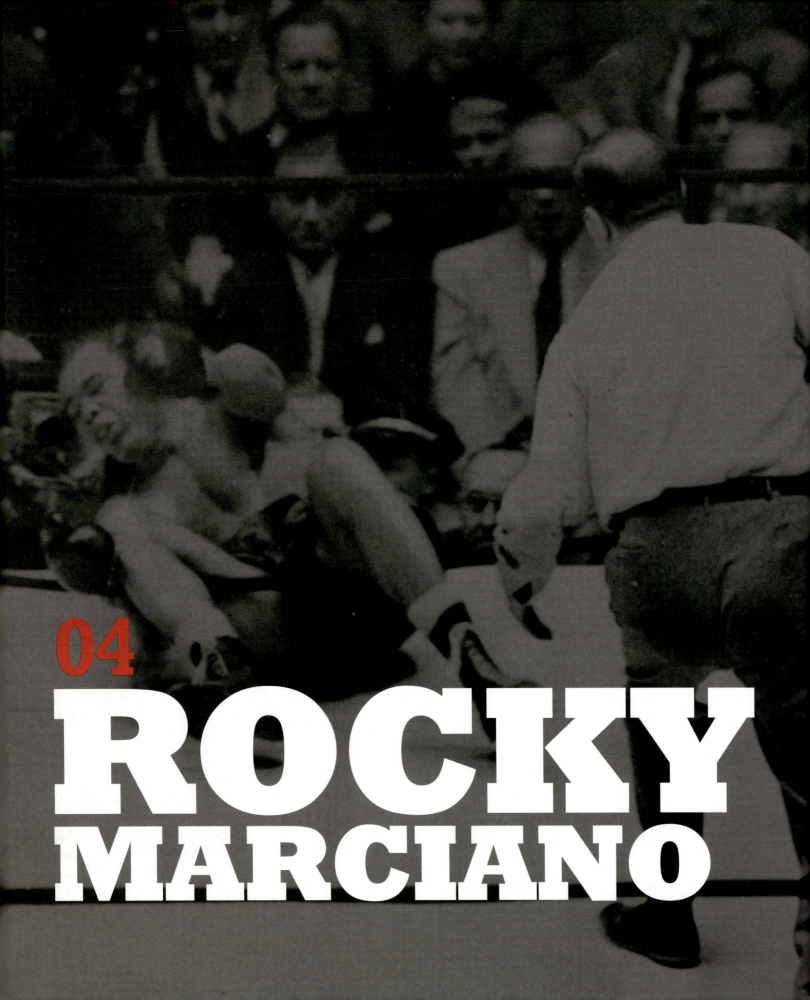

04
ROCKY
MARCIANO

Rocky Marciano 43

Die Kampfmaschine hat wieder zugeschlagen. Diesmal trifft es die Box-Legende Joe Louis, den Rocky Marciano am 26. Oktober 1951 im New Yorker Madison Square Garden in der 8. Runde ausknockt.

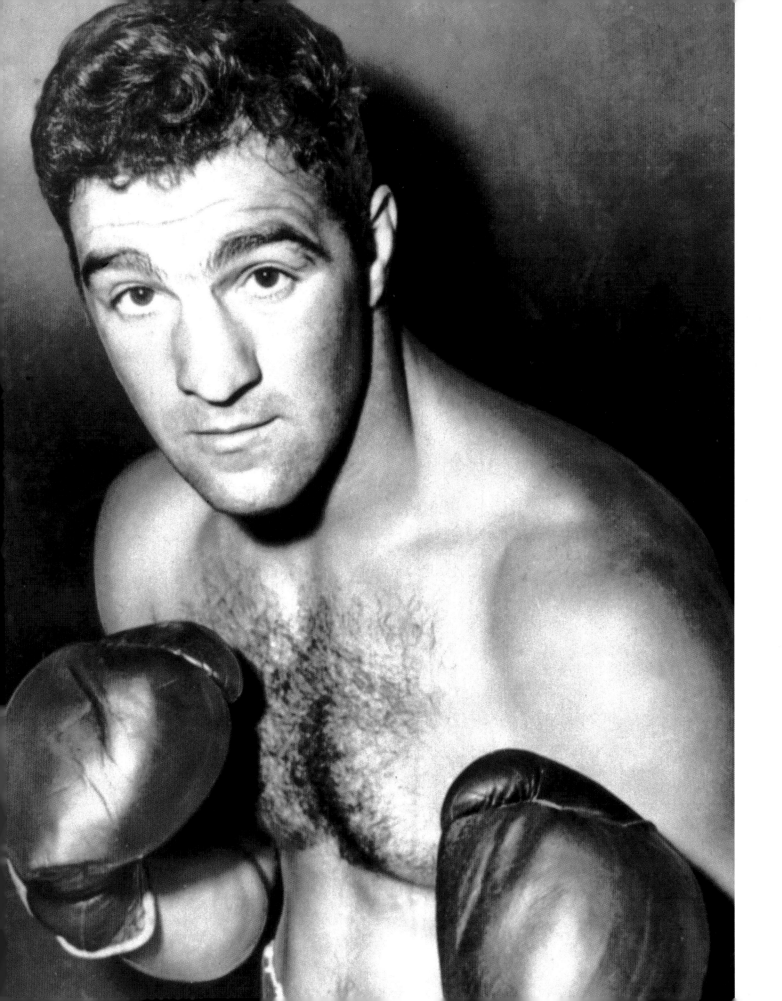

The Rock

49 Kämpfe. 49 Siege. Rocky Marciano ist der einzige Schwergewichtschampion, der in seiner Karriere unbesiegt bleibt. Die Krone, die er von 1952 bis 1956 unangefochten trägt, verteidigt Rocky Marciano sechsmal. Der erfolgreichste Schwergewichtsboxer aller Zeiten glänzt nicht als Artist im Ring, sondern bleibt als Kampfmaschine mit unglaublicher Schlagkraft und legendärer Standfestigkeit in Erinnerung. Von seinen 49 Siegen sind 43 Knockouts – auch das ein Weltrekord.

Rocky Marciano wird am 1. September 1923 als Rocco Francis Marchegiano in Brockton (Massachusetts) als Kind der italienischen Einwanderer Pierino Marchegiano und Pasqualina Picciuto geboren. Rocky hat drei Schwestern (Alice, Concetta und Elizabeth) und einen Bruder (Peter), den sie Sonny nennen. Sein Vater ist Arbeiter in einer Schuhfabrik. Das Leben ist bescheiden, und das Einkommen des Vaters reicht nicht aus, um die Familie durchzubringen. So steuert jeder seinen Teil bei, auch Rocky, der viele Gelegenheitsjobs annimmt und zeitweise als Straßenfeger arbeitet. Er ist ein sparsamer Junge – und wird es sein Leben lang bleiben. Einmal gibt ihm die Mama einen Vierteldollar fürs Kino. Als sie am Abend sein Hose aufhängt, fällt das Geldstück zu Boden. »Er hasste es Geld auszugeben. Es machte ihn glücklich, seiner Mutter Geld zu geben«, sagt sein Vater Pierino später.

KNOCKOUT IM PUB

Athletisch gebaut, ist Rocky verrückt nach Sport. Wenn er nicht arbeitet, spielt er Football oder Baseball. Zum Boxen kommt er durch seinen Onkel John. Der montiert für ihn einen Sandsack im Keller, schenkt ihm die ersten Boxhandschuhe und nimmt ihn mit in die Brockton Arena, wo Rocky den ersten Boxkampf seines Lebens als Zuschauer erlebt. Wie sein bester Kumpel, das Nachbarskind Al Colombo, wird Rocky ein Fan von Joe Louis. Die Weichen sind gestellt …

Was der Onkel vorbereitet hat, konkretisiert sich während des Krieges. Im März 1943 wird Rocky eingezogen und in England stationiert. Auch wenn er schon vorher in Fort Devens (Massachusetts) für die Army boxte: Initialzündung für seine Boxkarriere könnte der Streit mit einem australischen Sergeanten gewesen sein. Rocky gerät mit dem baumlangen Kerl in einem englischen Pub aneinander – und knockt den vermeintlichen Kraftprotz kurzum mit einer Rechten aus. Auch wenn unklar ist, ob diese Episode bei Rocky Marciano das Feuer fürs Boxen entfachte: Sicher ist, dass er während seiner Zeit als Soldat in England und später auch wieder in den USA an Boxturnieren der Army teilnimmt und sich seitdem aufs Boxen konzentriert.

ZU ALT, ZU KURZ, ZU LEICHT

Nach Ende des Kriegsdienstes im März 1946 startet Rocky seine Amateurkarriere. Er trägt zwölf Kämpfe aus,

Starkes Team: Rocky Marciano mit seinem Trainer Charley Goldman (r.) und Manager Al Weill (M.). Goldman sagt über Rocky: »Sicher, Marciano sah nicht übermäßig tough und athletisch aus – aber ich muss sagen, dass seine Gegner, die jedesmal regungslos in der Ringmitte lagen, auch nicht gerade gut aussahen.«

von denen er acht gewinnt. Jetzt ist er wild entschlossen, Profi zu werden. Zusammen mit seinem Kumpel Al Colombo schreibt er einen Brief an Al Weill, und bittet den einflussreichen Manager, ihn unter Vertrag zu nehmen. Doch die Voraussetzungen sind denkbar ungünstig: Mit 23 Jahren ist Rocky eigentlich zu alt, um eine Profikarriere zu starten. Dann verfügt er mit einer Körpergröße von 1,80 Meter nicht gerade über das Parademaß eines Schwergewichtsboxers. Zudem bringt Rocky lediglich 84 Kilogramm auf die Waage, womit er heute ein Cruisergewicht wäre. Seine Arme sind kurz, entsprechend jämmerlich ist die Reichweite (knapp 1,70 Meter). Auch die Technik lässt zu wünschen übrig. Aber die Schwächen werden durch andere Talente egalisiert. Vor allem ist es der unbändige Siegeswille, der Rocky unschlagbar macht. Für ihn geht es bei jedem Kampf um alles, ums Töten oder Getötetwerden. Wenn der Gong erklingt, ist er sofort am Gegner. Unnachgiebig und ohne Furcht stürmt er los wie ein wütender Grizzly und setzt alles auf Angriff. Seine Punches sind von unglaublicher Schlagkraft, während er gegnerische Schläge unbeeindruckt wegsteckt. Boxer, die gegen ihn gekämpft haben, sagen, es sei, als ob man auf Granit schlägt. Rocky steht im Ring wie ein Stein – »The Rock« wird er von seinen Anhängern deshalb auch genannt.

Zu alt, zu kurz und zu leicht – als sich Rocky 1948 bei Al Weill vorstellt, zögert dieser, ihn unter seine Fittiche zu nehmen: Auch für ihn ist unübersehbar, dass Rocky Marciano so gar nicht dem Prototyp eines Schwergewichtlers entspricht. Doch der alte Fuchs erkennt auch das Potenzial, sieht, dass Standfestigkeit, Ausdauer und Schlagkraft die Mängel wettmachen. Marciano hat Glück: Bald ist Al Weill sein Manager.

EISERNES TRAINING

Rockys Trainer wird der hoch angesehene Charley Goldman, und der schenkt Rocky nichts. Zuerst gilt es, die Technik zu verbessern. So bindet Goldman Rockys Füße zusammen, um die erbärmliche Beinarbeit zu verbessern. Rocky lernt zudem, sich nicht nur auf seine vernichtende Rechte zu verlassen, sondern mit beiden Fäusten hart zuzuschlagen. Er verfeinert die Angriffstechnik aus dem Infight und der Halbdistanz und lernt, wie man aus der Hocke kämpft und gegnerischen Schlägen mit Pendelbewegungen ausweicht. Rocky liebt das Training. Er ist ein gelehriger Schüler und macht schnell Fortschritte. Und das wird sich auch später nicht ändern. Seine Fitness ist geradezu legendär. Selbst in den letzten Runden zeigt er nie Anzeichen der Ermüdung. Vor allem mit »Roadwork« – ausgedehnten Langläufen –

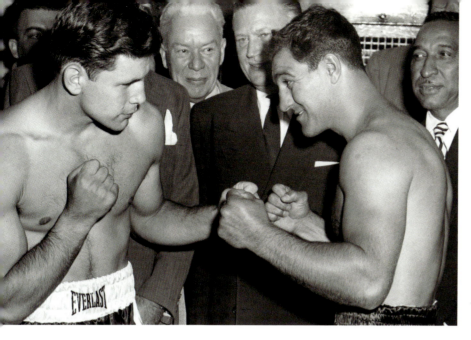

Roland LaStarza und Rocky Marciano stehen sich zweimal im Ring gegenüber: Am 24. März 1950 schafft Rocky nur einen knappen Punktsieg. Im Rückkampf am 24. September 1953 hält LaStarza bis zur 6. Runde gut mit, doch dann wird er müde, und Rocky prügelt gnadenlos auf ihn ein. In der 11. Runde bricht Ringrichter Ruby Goldstein das Gemetzel ab. LaStarza, ein gutaussehender Kerl, sieht nach dem Kampf nicht mehr so hübsch aus. Aber der Mann erholt sich und bleibt nach seiner Boxkarriere durch Auftritte in Film und Fernsehen in Erinnerung.

hält sich Rocky in Form. Er steht früh auf, achtet auf seine Ernährung, raucht und trinkt nicht. Auf jeden Kampf bereitet er sich intensiv vor. Besonders vor Titelkämpfen lebt er asketisch und trainiert wie ein Verrückter. Vor dem Fight gegen Jersey Joe Walcott im Mai 1953 sparrt er zum Beispiel 225 Runden.

SAUBERE KAMPFSTATISTIK

Al Weill beweist Weitsicht. Er ist nicht auf den schnellen Dollar aus und lässt Rocky langsam aufbauen. Von Beginn an ist ihm daran gelegen, Rockys Kampfstatistik sauber zu halten. So tritt er anfangs durchweg gegen namenlose Boxer an. Die Börsen sind jämmerlich, doch Rocky lernt mit jedem Kampf dazu und verfeinert seine Technik. Seinen ersten Profikampf trägt er am 12. Juli 1948 in Providence, Rhode Island aus, besiegt Harry Bilizarian dabei nach vier Runden – und hat mit seinen Fäusten 40 Dollar verdient. Die folgenden Kämpfe gewinnt Marciano allesamt nach wenigen Runden. Dramatisch verläuft am 30. Dezember 1949 sein Fight gegen den ebenfalls italienischstämmigen Carmine Vingo. Der kassiert in Runde 6 einen Hammer-Punch, geht k.o. und bleibt regungslos am Boden liegen. Im Krankenhaus wird eine Gehirnblutung diagnostiziert. Während Vingo mit dem Tod ringt, betet Rocky in der Kirche für ihn und hält an seinem Krankenbett Wache. Als ihm nach einer Woche mitgeteilt wird, dass Vingo genesen wird, ist dies der schönste Augenblick seines Lebens. Rocky bezahlt die Krankenhauskosten und gibt Vingo Geld, um wieder in den Alltag zu finden – denn boxen kann er nicht mehr. Marciano wird ihm später Ringplätze für alle seine Kämpfe schicken und ihn in der Umkleidekabine stets als Besucher willkommen heißen. Keiner hat Marciano gezwungen, Vingo zu unterstützen. Er hilft aus freien Stücken, ganz wie es seinem Naturell entspricht.

HAUCHDÜNNER SIEG

Nach dem Vingo-Fight hält Goldman seinen Schützling mehrere Monate vom Ring fern – er soll einen klaren Kopf bekommen. Am 24. März 1950 steht er dann im Madison Square Garden erstmals gegen einen namhaften Boxer im Ring: Roland LaStarza. Der smarte College-Boy hat sich in New York an den elitären Kreis der Titelherausforderer herangeboxt – genau wie Rocky Marciano in New England. Ein Aufeinandertreffen liegt auf der Hand. La Starza ist keine Kampfmaschine wie Rocky, besitzt aber eine ausgefeilte Technik. Und die macht Rocky zu schaffen. Als Sprecher Johnny Addie das Urteil verkündet, hält der Garden den Atem an – jeder weiß, dass das Urteil über die Zukunft der beiden Boxer entscheidet. Addie verkündet Rockys hauchdünnen Sieg, und neben Jubelschreien gibt es auch Buh-Rufe, denn viele sehen La Starza vorne. Sicher ist: Kein anderer Boxer vorher oder nachher wird Rocky Marciano näher an den Rand einer Niederlage bringen. Sicher ist auch: Rocky wird nun als einer der Top-Herausforderer des Champions gehandelt. Das Jahr 1950 endet mit einem Glanzpunkt: Am 31. Dezember heiratet Rocky Marciano Barbara Cousins, die Tochter eines Polizisten aus Brockton. Trauzeuge ist Al Colombo, der später Rockys Schwester

Rocky Marciano ist ein Familienmensch. Hier ist er am 28. Dezember 1953 mit Frau Barbara und Tochter unterm Weihnachtsbaum zu sehen. Doch die Idylle trügt: Rocky und Barbara sind zu unterschiedlich. Während sie eher häuslich ist, lebt er auf der Überholspur. »Wenn du ein erfülltes Leben führen möchtest, dann lebe gefährlich«, lautet Rockys Motto. Und so steht er ständig unter Strom, reist durchs Land, um zu kämpfen, neue Deals abzuschließen – und hübsche Frauen zu treffen.

Elizabeth heiraten wird. 550 Freunde und Verwandte lädt Rocky zur Hochzeitsfeier in Cappy's Restaurant ein – die größte Party, die Brockton je erlebt hat!

»EIN KOMISCHES GEFÜHL«

Zum Top-Herausforderer des Champions Ezzard Charles wird Rocky Marciano am 12. Juli 1951 im Madison Square Garden, wo er gegen den favorisierten Rex Layne boxt, der zuvor Jersey Joe Walcott besiegt hatte und den Jack Dempsey für den besten jungen Schwergewichtsboxer hält. Marciano beweist das Gegenteil, bearbeitet mit der Rechten unerbittlich Rippen und Kopf des großen und kräftigen Gegners. Bis zur 6. Runde hält Layne durch, mehr geht jedoch nicht. Zu Beginn der entscheidenden Runde stürmt Rocky aus seiner Ecke. Er will die Sache jetzt beenden. Dann explosionsartig eine kurze Rechte. Sie bringt den Knockout. Sein Gegner bleibt nach dem Niederschlag lange am Boden. »Ich hörte Auszählen bis 10. Ich sagte mir immer wieder, dass ich doch einfach nur aufstehen müsse. Doch ich konnte mich nicht bewegen. Es war ein komisches Gefühl«, sagt Layne nach dem Kampf. Marcianos physische Präsenz, seine wütenden Attacken, sein Mut – das alles kommt bei den Zuschauern an, die ihm nach dem Sieg über Rex Layne 20 Minuten lang applaudieren. Marcianos Kampfstil führt zum Wesen des Boxens: Ein Mann kämpft bis zum Umfallen, um einen Gegner zu besiegen. Klar, dass dabei auch Blut fließt. Rocky befriedigt primitive Ur-Instinkte, und niemals wird er sein Publikum enttäuschen. Spätestens seit diesem Sieg ist er der Liebling des Publikums. Das gilt natürlich vor allem für seine Heimatstadt Brockton, die ihn nach dem Layne-Kampf mit einer rauschenden Konfetti-Parade empfängt. Für die Italo-Amerikaner ist der Boxer ein Held. Sie sind mächtig stolz auf Marciano, der auch als Star bescheiden bleibt und mitten unter ihnen lebt. Marcianos Fans schätzen sein furchtloses Auftreten im Ring ebenso wie sein sanftmütiges und liebenswürdiges Wesen außerhalb der Arena. Zudem hat es Rocky Marciano geschafft, ein sauberes Image zu bewahren, mit der Mafia, die ihn umwirbt, lässt er sich niemals ein. »Rocky stach heraus, wie eine Rose inmitten einer Müllhalde«, so der Sportjournalist Jimmy Cannon über Rocky Marcianos Charakter.

EINE NEUE ÄRA BEGINNT

Der Titel scheint nun zum Greifen nah, doch zuerst muss sich Rocky in Geduld üben: Jersey Joe Walcott hat Ezzard Charles am 18. Juli 1951 den Titel abgenommen, und während die beiden einen Rückkampf vereinbaren (den Charles im Juni 1952 verliert), erwartet Rocky ein Fight gegen Joe Louis. Doch der alternde Ex-Champion ist nur noch ein Schatten seiner selbst und steigt bloß in den Ring, um Steuerschulden zu begleichen. Rocky weiß das und »schont« sein großes Idol beim Aufeinandertreffen am 26. Oktober 1951. Dann die 8. Runde: Marciano drängt jetzt auf die Entscheidung, boxt aus kurzer Distanz, nervt Louis beharrlich, vor allem mit der Linken. Nach etwa 90 Sekunden landet er einen linken Haken am gegnerischen Kinn. Joe Louis torkelt

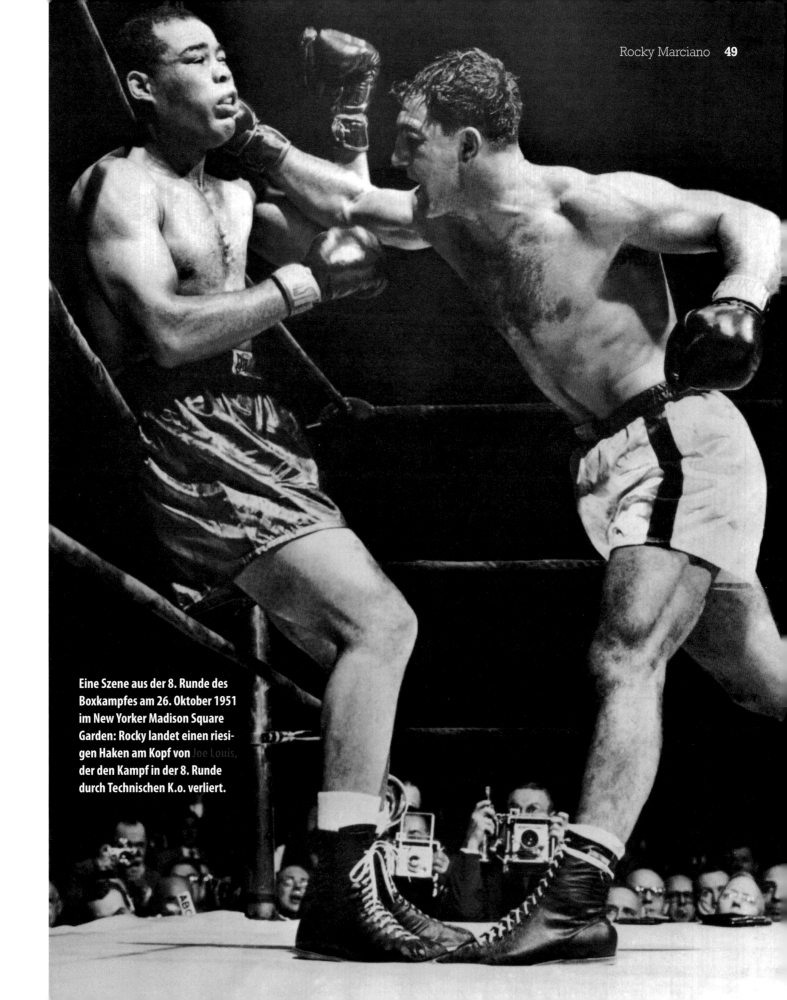

Eine Szene aus der 8. Runde des Boxkampfes am 26. Oktober 1951 im New Yorker Madison Square Garden: Rocky landet einen riesigen Haken am Kopf von Joe Louis, der den Kampf in der 8. Runde durch Technischen K.o. verliert.

Rocky Marciano in Bedrängnis: Jersey Joe Walcott ist mit einer Rechten am Kopf durchgekommen.

zurück und sinkt langsam zu Boden. Bei »8« ist er wieder auf den Beinen, wirkt aber deutlich angeschlagen. Marciano stürmt weiter auf ihn ein. Louis versucht ein paar Schläge zu landen, ist aber zu benebelt. Das Finish ist, wie immer bei Rocky, intensiv und für den Gegner schmerzhaft und erniedrigend. Die Zuschauer johlen – sie wissen, was jetzt kommt. Rocky treibt Joe Louis in die Seile, schlägt mit allen Waffen zu. Schließlich feuert er eine tödliche Rechte ab, die den Ex-Champion durch die Seile auf die Ringeinfassung schickt. Das rechte Bein hilflos in den Seilen, wird der »Braune Bomber« ausgezählt – das würdelose Ende einer Legende. Jugend, Kraft, Stehvermögen und der unbändige Wille zum Erfolg siegen an diesem Tag über Erfahrung und Reichweite. Eine Box-Ära ist beendet, eine neue hat begonnen.

Obwohl Louis 45 Prozent bekommt und Marciano nur 15, ist dies für Rocky die erste richtig fette Börse als Boxer. Sofort rennt er zum Vater und sagt: »Du hast den letzten Tag in einer Schuhfabrik gearbeitet.« Fortan ist Papa Pierino Teil des Teams und arbeitet im Trainingscamp als Koch. Rocky, bekannt für seinen unglaublichen Appetit, genießt das sichtlich. Familie und Freunde stellt er eben über alles. So steht auch Al Colombo, der Freund aus Kindheitstagen, ein Leben lang auf Rockys Gehaltsliste.

MIT »SUZY Q« ZUM TITEL

Rocky Marciano ist nun der Top-Herausforderer des amtierenden Champions Jersey Joe Walcott. Am 23. September 1952 treffen die beiden in Philadelphia zum alles entscheidenden Titelkampf aufeinander. Die Wetten stehen 3:1 für Walcott. Und der zehn Jahre ältere, aber technisch überlegene Champion gibt sich optimistisch: »Er kann nicht boxen«, höhnt er im Vorfeld des Kampfes. Es wird eine der größten Schlachten der Boxgeschichte. Walcott und Marciano schenken sich nichts, zertrümmern sich gegenseitig das Gesicht, schlagen die Körper grün und blau und kämpfen völlig in Rage mehrmals sogar nach dem Gong weiter. Für den Champion sieht es gut aus. Der eigentlich übervorsichtige Walcott geht sofort aufs Ganze, und schon in der 1. Runde gelingt ihm mit einem linken

23. September 1952. Philadelphia. Titelkampf gegen Jersey Joe Walcott.

Rocky Marciano geht nach einer Linken von Jersey Joe Walcott zu Boden.

Jersey Joe Walcott muss eine schwere Rechte ans Kinn hinnehmen.

Haken ein Niederschlag – der erste, den Rocky Marciano in seiner Karriere hinnehmen muss. Schiedsrichter Charlie Daggert zählt, und Charley Goldman ruft Rocky zu, bis »8« unten zu bleiben, doch der steht schon bei »4« wieder auf. »Ich bin so schnell aufgestanden, weil ich wütend auf mich selbst war«, sagt er im Rückblick. Walcott teilt weiter kräftig aus. Manager Al Weill in Marcianos Ecke ist kreidebleich – und Marciano schwer gezeichnet, doch er steckt alle Treffer weg. Dann Runde 13. Jetzt wird es melodramatisch. Die Handschuhe und Satin-Shorts der Boxer sind blutverschmiert. Walcott liegt gemütlich nach Punkten vorn. Rocky weiß, dass ihn nur noch der Knockout rettet. Dann trifft seine Rechte (Spitzname »Suzy Q«) Walcott wie ein Hammer und befördert ihn ins Reich der Träume. Der Champion sackt in die Knie, versucht, sich mit einem Arm in den Seilen zu halten, aber ihm fehlt die Kraft, und so sinkt er langsam zu Boden. Der geschlagene Champion ist nur noch ein Häuflein Schmerz und bleibt lange nach dem Auszählen bewegungslos mit dem Gesicht auf dem Boden liegen. Rocky steht derweil wie ein Löwe in seiner Ecke. Schließlich hört er »10« und grinst. Sein Kumpel Al Colombo stürmt auf ihn zu, umarmt ihn, dann bricht die Hölle los. Rockys Anhänger (3.000 sind aus Brockton angereist) durchbrechen die Polizeisperren, stürmen den Ring, tanzen vor Freude. Es ist das reine Chaos. Wohl ein Dutzend Mal ruft der Zeitnehmer mit der Glocke zur Ordnung, dann wird das offizielle Urteil verkündet: »The winner, and new heavyweight champion of the world, Rocky Marciano!« Die Rechte, mit der Marciano Walcott k.o. schlägt, ist der entscheidende Punch in seiner Boxkarriere – sie bringt ihm neben dem Titel 100.000 Dollar. Im Rückkampf am 15. Mai 1953 in Chicago macht Marciano übrigens kurzen Prozess und schlägt Walcott in der 1. Runde k.o. Manche vermuten, dass es Walcott – der bei diesem Kampf in 145 Sekunden 250.000 Dollar verdient – nur noch ums Geld ging.

DIE LETZTEN KÄMPFE

Es folgen zwei denkwürdige Titelverteidigungen gegen Ex-Weltmeister Ezzard Charles. Der erste Kampf findet am 17. Juni 1954 im New Yorker Yankee Stadium statt,

Am 17. Juni 1954 stehen sich Rocky Marciano und sein Herausforderer **Ezzard Charles** gegenüber. Marciano gewinnt nach Punkten. Hier versetzt er seinem Gegenüber einen schweren Schlag. Es war, als sei man unter einen Mähdrescher geraten, meint Ezzard Charles nach dem Fight.

21. September 1955, Yankee Stadium, New York: Rocky Marciano landet einen Treffer am Körper seines Herausforderers **Archie Moore.** Er besiegt Moore in der 9. Runde durch K.o. und verteidigt zum letzten Mal seinen WM-Titel.

und dabei erweist sich der Herausforderer als ebenbürtiger Gegner. Denn er geht mit Marciano über 15 Runden – was bis dahin kein anderer Boxer geschafft hat und später auch keiner mehr schaffen wird. Charles erlebt im Ring die Sternstunde seiner Boxkarriere, verliert jedoch einstimmig nach Punkten. Beim zweiten Aufeinandertreffen am 17. September 1954, ebenfalls im Yankee Stadium, liegt Charles zuerst vorne und zerschmettert Rockys Nase. Das Gesicht des Champions ist blutüberströmt, und nach sieben Runden steht der Kampf wegen der schweren Verletzung kurz vor dem Abbruch. Doch der Ringrichter schenkt Marciano eine weitere Runde. In Runde 8 setzt Rocky alles auf eine Karte, walzt Charles wie ein Bulldozer nieder und schafft es, ihn k.o. zu schlagen. Nach dem Sieg spurtet Rocky in die Umkleidekabine, um seine Verletzung näher zu betrachten. Als er in den Spiegel schaut und seine gespaltene Nase sieht, wird er fast ohnmächtig.

Am 16. Mai 1955 verteidigt Marciano seinen Titel in San Francisco gegen den Commonwealth-Champion Don Cockell. Der von Marciano rüde und unfair geführte Kampf bleibt als wilde Schlacht in Erinnerung. Marciano verprügelt seinen Kontrahenten mit allen zur Verfügung stehenden Mitteln. Cockell hält tapfer durch, bis Ringrichter Frankie Brown ein Einsehen hat und den Kampf in Runde 9 abbricht. Zum letzten Mal verteidigt Marciano seinen Titel schließlich am 21. September 1955 gegen den beinahe 42 Jahre alten Weltmeister im Halbschwergewicht Archie Moore. Der schafft in der 2. Runde sogar einen Niederschlag, muss jedoch selbst fünfmal auf die Matte gehen. Am Ende schlägt Marciano ihn in der 9. Runde k.o. »Marciano ist bei weitem der härteste Mann, dem ich in meiner fast 20-jährigen Boxkarriere begegnet bin«, so Archie Moore, der sich nach dem Kampf fühlte, als ob er »mit einer Keule geschlagen und mit Steinen beworfen« worden wäre.

»WOZU SOLL ICH MIT MEINEN GEGNERN ZEHN RUNDEN WALZER TANZEN, WENN ICH SIE IN EINER RUNDE K.O. SCHLAGEN KANN?«

Rocky Marciano

Am 28. April 1956 erklärt Rocky Marciano, der hier vieldeutig auf ein »Exit«-Schild zeigt, in New York seinen Rückzug aus dem Ring.

ABSCHIED AUF DEM HÖHEPUNKT

Am 28. April 1956, mit 32 Jahren, zieht sich Rocky Marciano unbesiegt aus der Boxarena zurück. Für viele kommt das überraschend, denn er ist jetzt auf dem Höhepunkt seiner Boxkarriere. Aber Marciano hat ein klares Konzept. Ein ernstzunehmender Gegner ist nicht in Sicht. Außerdem ist er sauer auf Manager Al Weill, der stets die Hälfte von allem, was er durch seine Auftritte innerhalb und außerhalb des Rings verdient, einsteckt. Er möchte nicht mehr teilen, sondern sein eigenes Geld verdienen und damit für die Zukunft vorsorgen. Zudem kennt er die traurigen Geschichten der Boxer, die während ihrer Karriere ein Vermögen anhäuften und am Ende doch vor dem Nichts standen. So will Rocky Marciano einfach nicht enden. Und er schafft es, legt sein Vermögen (die Börsen der Profikarriere haben ihm ca. zwei Millionen Dollar gebracht) gut an und kommt zu Wohlstand. Er widersteht auch allen Versuchungen, in den Ring zurückzukehren, obwohl man ihm immer wieder Unsummen für ein Comeback anbietet. Mitte der 1960er Jahre lehnt er zum Beispiel das Angebot ab, gegen Cassius Clay in den Ring zu steigen – der Kampf hätte ihm zwei Millionen Dollar gebracht.

Rocky Marciano hat sich immer für unbesiegbar und unverwundbar gehalten, doch das Schicksal will es anders: Am 31. August 1969, einen Tag vor seinem 46. Geburtstag, kommt Rocky Marciano bei einem Flugzeugabsturz in der Nähe von Newton (Iowa) ums Leben. Joe Louis und Muhammed Ali sind nur zwei von vielen Box-Legenden, die ihm bei der Beerdigung das letzte Geleit geben.

Rocky Marciano

GEBURTSNAME: Rocco Francis Marchegiano
KAMPFNAME: The Brockton Blockbuster
GEBURTSTAG: 1. September 1923
GEBURTSORT: Brockton, Massachusetts (USA)
NATIONALITÄT: USA
WELTMEISTER IM SCHWERGEWICHT: 1952-1956
TODESTAG: 31. August 1969
TODESORT: Newton, Iowa (USA)

KÄMPFE: 49
SIEGE: 49
K.-O.-SIEGE: 43

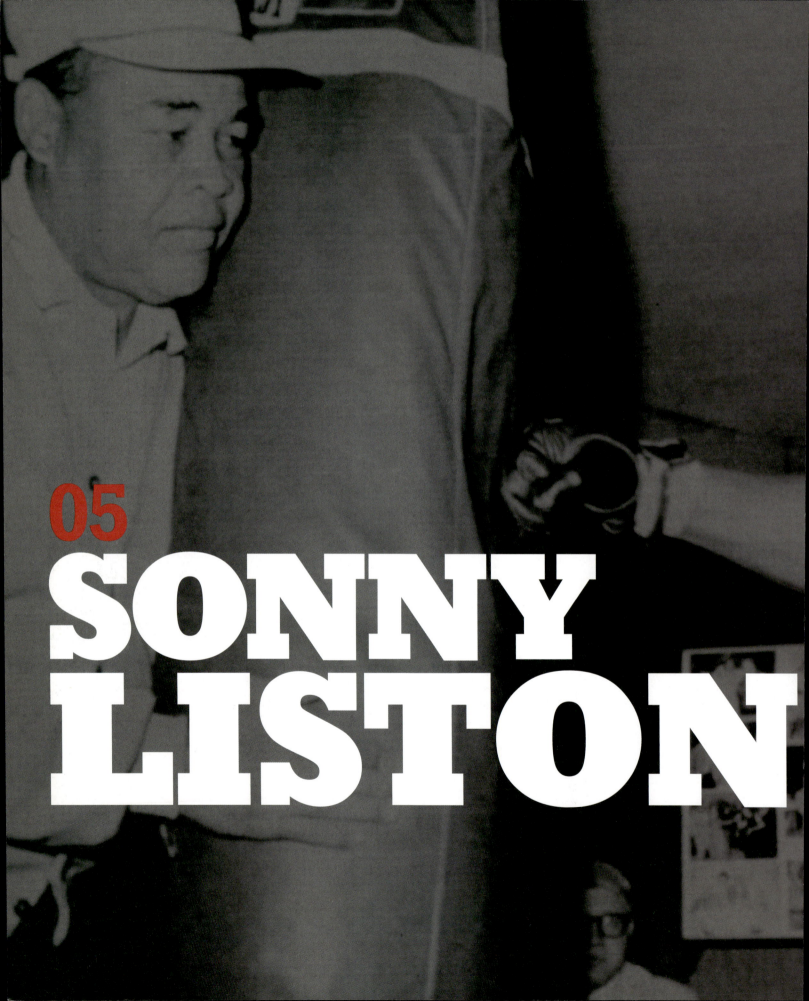

05 SONNY LISTON

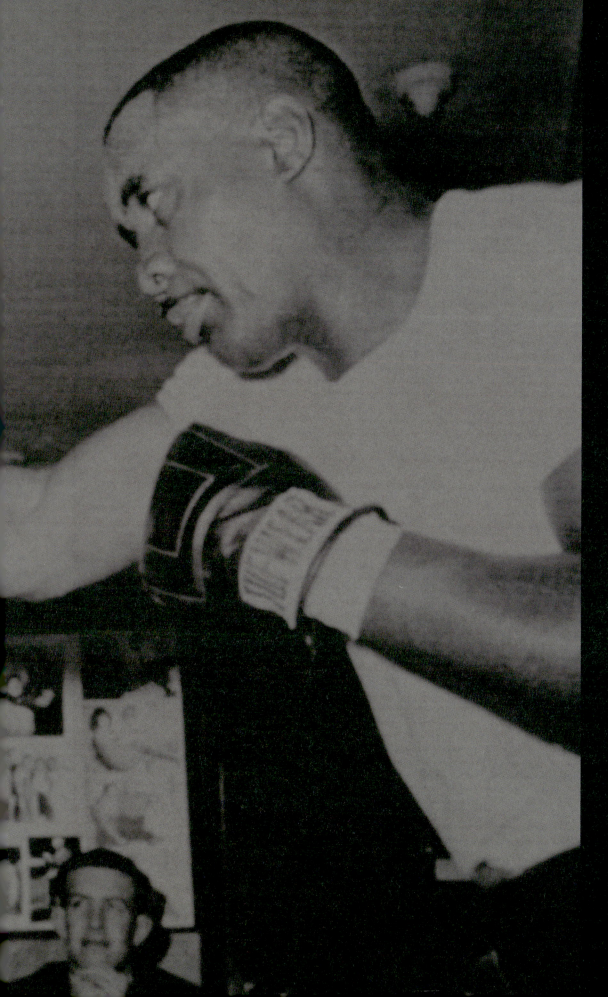

Sonny Liston arbeitet beim Training mit Box-Legende Joe Louis. Die beiden sind gut befreundet.

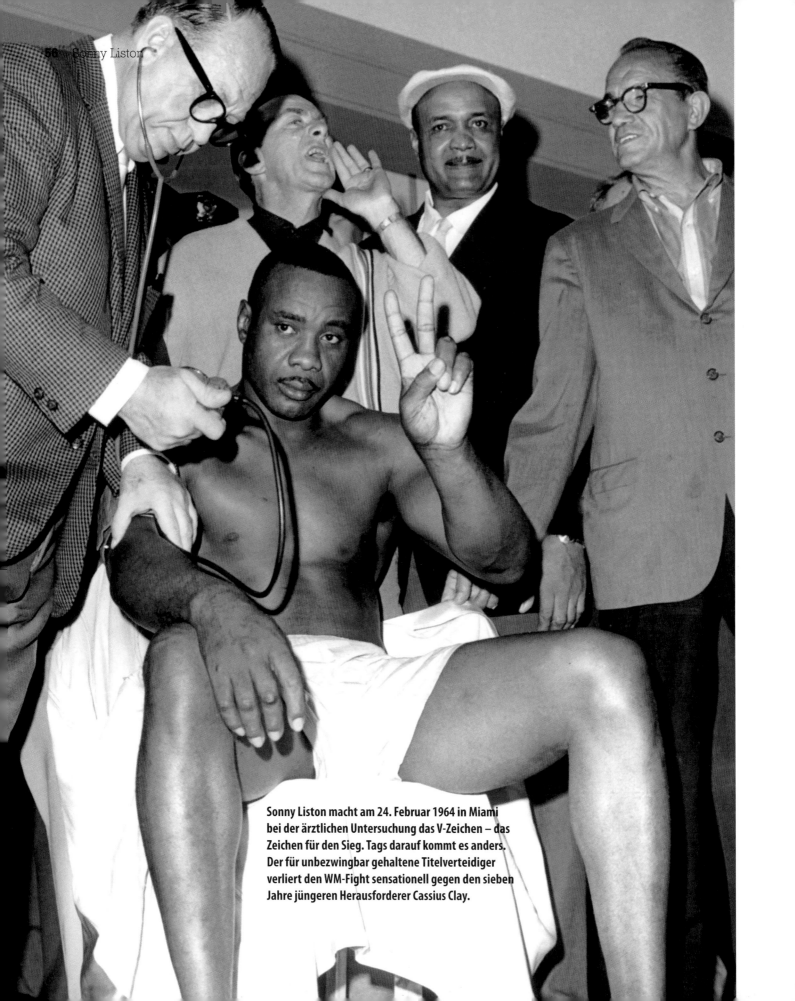

Sonny Liston macht am 24. Februar 1964 in Miami bei der ärztlichen Untersuchung das V-Zeichen – das Zeichen für den Sieg. Tags darauf kommt es anders. Der für unbezwingbar gehaltene Titelverteidiger verliert den WM-Fight sensationell gegen den sieben Jahre jüngeren Herausforderer Cassius Clay.

Der unglückliche Bär

Sonny Liston ist der Bad Guy unter den Box-Legenden. Kaum ein anderer Schwergewichtsweltmeister war so unbeliebt wie dieser unheimlich wirkende Typ mit dem eiskalten Blick. Er hat ja auch einiges auf dem Kerbholz, lernt Boxen hinter Gittern und unterhält Kontakte zur Unterwelt. Doch wahre Boxfans interessiert nur, was im Ring abgeht. Und da spricht Listons Statistik eine klare Sprache. Die Kampfbilanz des gefürchteten, weil extrem schlagkräftigen Boxers: 50 Siege (davon 39 Knockouts) und nur vier Niederlagen. Liston besiegt seine Gegner nicht – er zerstört sie.

PEITSCHENSCHLÄGE VOM VATER

Viele Boxer nehmen ein tragisches Ende. Zu ihnen gehört auch Sonny Liston. Vielleicht wurde es ihm ja in die Wiege gelegt. »Ich glaube, er starb am Tag seiner Geburt«, soll ein Bekannter gesagt haben. Liston stammt aus einer armen Farmerfamilie. Er ist Nummer 24 von insgesamt 25 Kindern, die sein Vater Tobe mit zwei Frauen in die Welt setzt. Wann genau Charles L. Liston in einer armseligen Holzhütte außerhalb von Forrest City (Arkansas) das Licht der Welt erblickt, steht in den Sternen. Liston selbst nennt öfter den 8. Mai als Geburtsdatum, und Mutter Hellen tippt auf Januar, weil es bei der Geburt ziemlich kalt gewesen sei. Auch das Geburtsjahr ist unklar. Einiges deutet auf das Jahr 1932 hin.

Sonny Liston hat es von Beginn an nicht leicht. Sein Vater ist ein stets gereizter Tyrann, kaltherzig und gewalttätig gegenüber Frauen und Kindern. Prügel und Peitschenschläge sind an der Tagesordnung. Diese fügen Charles Narben zu, die ein Leben lang nicht verheilen. Bereits als Achtjähriger muss er jeden Tag hart arbeiten. Die Schule besucht der Junge nur unregelmäßig. Lesen und Schreiben lernt er nie, bleibt Zeit seines Lebens Analphabet.

AUF DER SCHIEFEN BAHN

Im Jahr 1946 hat die Mutter genug. Sie flieht mit einigen Kindern nach St. Louis, Charles lässt sie zurück, doch er folgt ihr als 13-Jähriger. In St. Louis, damals eine Hochburg der Kriminalität, lernt der Jugendliche die Gesetze der Straße kennen, wird Anführer einer Gang und erhält als »Yellow Shirt Bandit« einen fragwürdigen Ruf – ein 100-Kilo-Kerl, der sein Revier unter Kontrolle hat. Immer wieder gerät Liston mit dem Gesetz in Konflikt. Diebstähle und Raubüberfälle gehen auf sein Konto. Am 15. Januar 1950 wird er wegen eines bewaffneten Raubüberfalls zu einer fünfjährigen Gefängnisstrafe verurteilt. Doch er hat Glück: Hinter Gittern lernt er das Boxen. Sein Mentor ist Pfarrer Alois Stevens, der im Knast für den Sport zuständig ist. Dieser ermuntert Liston, seine Fäuste im Ring ganz regelgerecht einzusetzen, und es wird schnell deutlich, was für ein schlagkräftiges Talent der Geistliche da entdeckt hat. Am 30. Oktober 1952 wird Liston (der im Gefängnis seinen Spitznamen »Sonny« erhält) aufgrund guter Führung und der vielversprechenden sportlichen Prognose vorzeitig aus der Haft entlassen.

Urgewalt im Ring: Sonny Liston im Kampf gegen Mike De John in Miami im Februar 1960.

VERLASS DIE STADT ODER STIRB!

Nach der Entlassung aus dem Gefängnis nimmt Sonnys Boxkarriere Fahrt auf. Aber wieder gerät er an die Falschen. Liston begibt sich in die Hände des lokalen Mafia-Bosses und Bauunternehmers John Vitale – nicht weil er das unbedingt will, sondern weil sich einfach kein anderer Sponsor findet. Nach einer kurzen Episode als Amateur (im März 1953 gewinnt er das Golden-Gloves-Turnier, den jährlichen Schlagabtausch der besten US-Amateurboxer) gibt Liston am 2. September 1953 sein Debüt als Profi. Dabei besiegt er mit seinen Hammerfäusten Don Smith durch Knockout. Mehrere schnelle K.-o.-Siege folgen. In dieser Zeit muss Liston nur eine einzige Niederlage hinnehmen, und zwar 1954 gegen Marion »Marty« Marshall, den »Michigan Bomber«. Sein Gegner – bekannt dafür, dass er im Ring gerne den Clown spielt – schafft es, Liston abzulenken. Und der wird dafür brutal bestraft: In einer Sekunde der Unaufmerksamkeit – Liston muss gerade über einen Gag kichern – schlägt Marshall zu und zertrümmert Sonnys Kiefer. Der bringt den Kampf zwar zu Ende, unterliegt aber. Dies war das letzte Mal, dass man Liston im Ring lachen sah. Wenn er nicht im Ring steht, sorgt er als Vitales Schläger dafür, dass dessen Bauarbeiter parieren. Die Polizei hat ihn ständig im Visier, kontrolliert ihn auch ohne besonderen Anlass. Im Mai 1956 schlägt Liston einen Polizisten nieder, und nach Abgeltung der Strafe (neun Monate soziale Arbeit) rät ihm ein Polizei-Captain: Verlass die Stadt oder stirb! Liston geht. Und zwar nach Philadelphia, wo er unter die Fittiche von Blinkie Palermo und Frankie Carbo gerät, zwei berüchtigten Mafiosi, die in der Boxszene den Ton angeben. Trotzdem: Im Ring läuft alles nach Plan; 1959 und 1960 gewinnt Liston einen Kampf nach dem anderen, zu seinen Opfern zählen so respektable Gegner wie Mike de John, Cleveland Williams, Nino Valdez, Roy Harris, Zora Folley und Eddie Machen.

DUELL MIT PATTERSON

Sonny Liston ist in dieser Zeit allseits gefürchtet. Die bloße physische Präsenz dieses vor roher Kraft strotzenden Kolosses jagt jedem Gegner Angst ein. Listons zerstörerische Schlagkraft ist legendär. Vor allem sein linker Jab ist wohl einmalig in der Geschichte des Schwergewichtsboxens – mit ihm kann er sogar Ziegelsteinwände zertrümmern. Kurzum: Liston verschafft sich immer mehr Respekt, und im Jahr 1960 ist Weltmeister Floyd Patterson in Reichweite. Dieser hat sich zuvor mit beeindruckender Schnelligkeit und ausgefeilter Technik an die Spitze geboxt: 1956 nimmt er Archie Moore mit einem grandiosen linken Haken den Titel ab und wird – mit nur 21 Jahren – jüngster Schwergewichtsweltmeister aller Zeiten. 1959 verliert er die Krone an Ingemar Johansson, den schwedischen Europameister, nimmt sie ihm aber ein Jahr später wieder ab – und indem er den Titel zweimal gewinnt, durchbricht Floyd Patterson als erster Boxer das Gesetz des »They never come back«.

Pattersons Manager gehen Sonny Liston zwei Jahre

lang aus dem Weg, angeblich wegen dessen Kontakten zur Unterwelt. Derweil gerät Liston auch in Philadelphia immer wieder mit dem Gesetz in Konflikt – man schüttelt nur den Kopf über ihn. Ex-Weltmeister Jack Dempsey findet, es sollte ihm nicht erlaubt werden, um den Titel zu kämpfen – und spricht damit aus, was die Mehrheit denkt. Doch an Liston führt kein Weg vorbei. Und so kommt es am 25. September 1962 in Chicagos Comiskey Park Arena zum Schlagabtausch um den Titel, den Floyd Patterson gerne zum achten Mal verteidigen möchte. Liston, bereits im Vorfeld als Favorit gehandelt, legt sein ganzes Herzblut und Können in den Kampf, landet schon früh einige harte Punches und schlägt Floyd Patterson nach zwei Minuten und sechs Sekunden k.o.: Sonny Liston ist neuer Schwergewichtsweltmeister, Patterson flieht durch die Hintertür. Den Rückkampf am 22. Juli 1963 in Las Vegas gewinnt Sonny ebenfalls kurz und schmerzlos.

GUT GEGEN BÖSE

Der Titelkampf zwischen Patterson und Liston ist weit mehr als ein bloßer Sportwettkampf. Das Aufeinandertreffen der beiden wird zum Kampf von Gut gegen Böse stilisiert: Hier der redegewandte, rechtschaffene Patterson, der sich an Amerikas »weiße« Gesellschaft angepasst hat. Dort der unpolitische und ungebildete Analphabet Sonny Liston, der mit seinen zwielichtigen Mafiakontakten als Personifizierung des Bösen gilt. In der Presse sind die Töne entsprechend rassistisch. Während Patterson ein strahlender Ritter hingestellt wird, verunglimpft die Journaille Liston als »Gorilla« und »Biest«. Auch die gerade aufstrebende und auf ihr Image bedachte schwarze Bürgerrechtsbewegung hat mit Liston ein massives Problem: Ein dubioser Gauner als Weltmeister? Was für eine Horrorvorstellung! Und so fleht man Patterson an, nicht gegen Liston anzutreten. Keine Frage: Die meisten Schwarzen wünschen sich eine Niederlage Listons.

Floyd Patterson (Weltmeister 1956 bis 1959, 1960 bis 1962) schreibt Geschichte im Schwergewicht: Er ist der erste Boxer, der den Titel aller Klassen zweimal gewinnt. Mit seinem Sieg im Fight um die vakante Krone 1956 gegen Archie Moore ist er damals mit 21 Jahren der jüngste Schwergewichtsweltmeister – und auch der leichteste: Sein Körpergewicht übersteigt nie 91 Kilogramm.

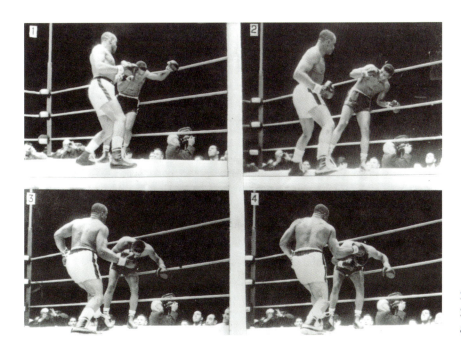

Szenen des Titelkampfes zwischen Sonny Liston und **Floyd Patterson** am 25. September 1962 in Chicago.

Und als er dann tatsächlich siegt, weiß man nicht, was man mit dem frischgebackenen Weltmeister anfangen soll. Als Vorbild für die Jugend taugt er nicht, als Bürgerrechtler schon gar nicht. Bezeichnend ist die Reaktion James Baldwins: Nach Listons Titelgewinn sucht der berühmte schwarze Schriftsteller die nächste Bar auf, um den »Tod des Boxens« zu betrauern.

DER JUBEL BLEIBT AUS

Auch Sonny Liston wird schnell klar, dass selbst der Weltmeistertitel nichts an seinem Gangster-Image ändern kann: Nach dem Titelgewinn fliegt er von Chicago zurück nach Philadelphia. Er ist euphorisch und bereitet für die Menschenmassen, die er am Flughafen erwartet, eine bewegende Rede vor – eine Rede, mit der er »seine Leute« erreichen möchte, in der er ankündigt, sich zu bessern und zu engagieren. Auf dem Flugfeld wird die Rolltreppe ans Flugzeug gefahren. Sonny rückt Krawatte und Filzhut gerade. Die Tür öffnet sich, Liston geht nach draußen und sieht, dass sich nur ein paar Reporter und Fotografen eingefunden haben. Der erwartete Jubel-Empfang bleibt aus. Dieser Moment, von dem Sonny Liston geträumt hat, seit er vor über einem Jahrzehnt im Gefängnis erstmals die Boxhandschuhe überstülpte, er wird zum Trauma. Die niederschmetternde Erkenntnis: Philadelphia will nichts mit mir zu tun haben. Ich kann machen, was ich will, ich bin und bleibe der Bad Guy. Liston, der sich in Philadelphia von der Polizei schikaniert fühlt (einmal wird er sogar wegen zu langsamen Autofahrens angehalten), zieht nach Denver. Er verabschiedet sich mit den bitteren Worten: »Ich würde lieber ein Laternenmast in Denver sein als der Bürgermeister von Philadelphia.« Aber auch in Denver folgt ihm die Polizei auf Schritt und Tritt, zeitweise wird er fast täglich von Streifenpolizisten angehalten – doch dann erscheint ein Quälgeist auf der Bühne, der für Sonny Liston weitaus lästiger sein wird.

GEGEN DEN GRÖSSTEN

Mit Cassius Clay ist ein neuer Stern am Boxhimmel aufgegangen. Der selbsternannte »Größte und Schönste« tänzelt sich im Ring nach oben und sorgt mit provozierenden Schlagzeilen für Aufsehen. Am 25. Februar 1964 fordert er Liston in Miami Beach heraus. Damit kommt es zum Aufeinandertreffen zweier Boxer, die in Charakter und Kampftechnik völlig unterschiedlich sind: Hier der extrovertierte, großmäulige Clay, dort der in sich gekehrte Liston. Cassius Clay gilt als krasser Außenseiter, ist aber selbstsicher und gibt sich im Vorfeld des Kampfes prahlerisch und arrogant: Liston sei ein hässlicher Bär, zu hässlich, um Champion zu sein. Er selbst sei ja viel schöner und deshalb der perfekte Weltmeister, lästert er. Er dichtet Spottreime auf seinen Gegner, zieht über ihn her und nutzt jeden Anlass für markige Publicity. Liston ist ein harter Bursche. Im Ring nimmt er es mit jedem auf, aber mit diesen Provokationen kann er nicht umgehen. Täglich erlebt er, wie Clay die Schlagzeilen mit Schmährufen füllt, einmal überrumpelt ihn Clay sogar im Trainingscamp, und nur mit Mühe kann man den wutentbrannten Liston davon abhalten, auf ihn loszugehen. Liston droht kurzerhand an, seinen Kontrahenten im Kampf umzubringen.

Doch der Champion macht einen entscheidenden Fehler. Er nimmt Clay nicht ernst, womit er nicht allein steht. Auch in der Boxwelt wird der Newcomer als Großmaul belächelt. »Er kann nicht so gut kämpfen, wie er reden kann«, so Arthur Daley – der legendäre, mit dem Pulitzer-Preis ausgezeichnete Sportreporter findet Clays aufdringliche Art einfach nur »lästig«. Liston scheint unbesiegbar, und das glaubt er wohl auch selbst. Er vertraut auf seine überlegene Schlagkraft: Wahrscheinlich reicht es ja schon, die Robe auszuziehen, um Clay in Panik zu versetzen. Er trainiert kaum, und das rächt sich im Ring.

KAPITULATION IM SITZEN

Clay ist besser und schneller. Dieser Speed, diese blitzschnelle Fußarbeit – Liston findet gegen den jüngeren Gegner, der buchstäblich durch den Ring zu schweben scheint und mit lässig herabhängenden Fäusten und zurückgelehntem Oberkörper provoziert, einfach keine Mittel. Bald fragt er sich, was da wohl gerade mit ihm passiert. Am Ende der 3. Runde wirkt Sonny fast verzweifelt. Spätestens jetzt ahnt er, dass der Titel ernsthaft in Gefahr ist. Mittlerweile durch eine Platzwunde und blutende Nase gezeichnet, lässt er sich in der Pause mit einer Salbe behandeln. Dabei werden Listons Handschuhe beschmiert. Absicht oder nicht: Die ätzende Substanz gerät mit der 4. Runde in Clays Gesicht.

Im Titelkampf am 25. Februar 1964 hat Sonny Liston keine Chance gegen Cassius Clay. Der junge Herausforderer scheint durch den Ring zu schweben, getreu seinem Motto »Float like a butterfly, sting like a bee« (»Fliege wendig wie ein Schmetterling, stich wie eine Biene«).

25.2.1964. Miami Beach.

Sonny Liston blutet aus einem Cut unter seinem linken Auge. Es wird noch schlimmer werden.

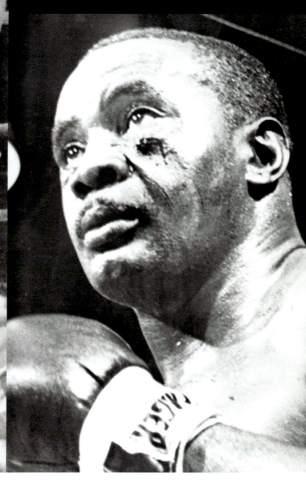

Sonny Liston bereitet sich in einem Trainingscamp in South Fallsburg in den Catskill Mountains, rund 80 Meilen von New York entfernt, auf einen Kampf vor. Beim Training hört er gern sein Lieblingslied »Nighttrain«.

25. Mai 1965. Lewiston.

»Steh auf, du Penner«, brüllt Clay den am Boden liegenden Liston nach dem umstrittenen »Phantom Punch« an.

**Sonny Liston duckt sich, um einem Schlag
von Cassius Clay auszuweichen.**

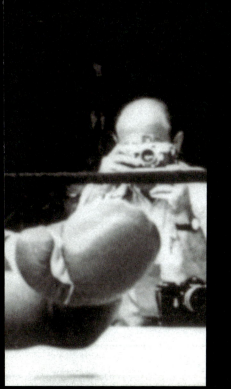

»SONNY LISTON WAR EINER DER GRÖSSTEN KÄMPFER ALLER ZEITEN.« Muhammad Ali

Sonny Liston mit seiner Frau Geraldine beim Schwergewichtskampf Patterson/Chuvale am 1. Februar 1965 im Madison Square Garden, New York.

Ein sanftmütiger Mann

Kein Boxer ist so schnell so tief gefallen wie Sonny Liston. Hat er das wirklich verdient? War die – auch von der Presse geschürte – Verachtung durch die Öffentlichkeit gerechtfertigt? Oder hat dieser Einzelgänger einfach immer nur Pech gehabt? Mafiaverstrickungen, Verbrechen, Verhaftungen, Alkohol- und Drogenmissbrauch – das sind die Schattenseiten. Aber da ist noch mehr. So haben Verwandte, Freunde und Wegbegleiter immer wieder betont, dass Liston keineswegs der verdrießliche und mürrische Typ war, für den ihn die Öffentlichkeit hielt. Im Gegenteil: Außerhalb des Rings sei er ein warmherziger Mensch gewesen. »Er war großherzig zu mir und den Kindern. Er war ein sanftmütiger Mann«, so Geraldine Liston, die ihren Sonny am 3. September 1957 in St. Louis geheiratet hatte.

Bald brennen und tränen dessen Augen wie verrückt, er sieht fast nichts mehr. Dann der Gong. Der Herausforderer sitzt verzweifelt in der Ecke, seine Augen werden mit Wasser ausgespült, doch es wird nicht besser. Clay glaubt, nicht mehr weitermachen zu können, doch sein Trainer Angelo Dundee weist ihm sanft den Weg zurück in den Ring. Irgendwie schafft es Clay, Liston auf Distanz zu halten. Er übersteht die Runde. Dann bessern sich seine Augen. Er ist wieder da. Und Liston wirkt immer schwerfälliger. Am Ende der 6. Runde ist Sonny völlig ausgepumpt. Frustriert setzt er sich auf den Hocker in seiner Ecke. Und als der Gong zur 7. Runde ertönt, steht er nicht mehr auf. Er setzt den Kampf – angeblich wegen einer Verletzung der linken Schulter – nicht fort, geht sozusagen sitzend k.o. Eine nie dagewesene Kapitulation eines Schwergewichtsweltmeisters! Clay, der strahlende Sieger, kann sein Glück kaum fassen. Er schreit seine Erleichterung in die Arena, im Ring spielen sich tumultartige Szenen ab.

PHANTOM PUNCH

Für den Rückkampf gegen Ali arbeitet Liston hart. Er trainiert sich 20 Pfund ab, auch wenn immer wieder Gerüchte über Alkoholmissbrauch während des Trainings die Runde machen. Der Kampf wird am 25. Mai 1965 in Lewiston (Maine) ausgetragen. Die Stimmung ist aufgeheizt, denn wenige Monate zuvor, am 21. Februar, ist Malcom X von Leuten aus den eigenen Reihen ermordet worden. Cassius Clay, der sich nach Übertritt zum Islam Muhammad Ali nennt, war mit dem Wortführer der »Nation of Islam« eng befreundet. Man glaubt, Ali könnte auch Opfer eines Anschlags werden, doch er ist von den Umständen offensichtlich nicht beeindruckt. Und dann geschieht es: Gong zur 1. Runde. Ali verpasst Liston eine kurze und schnelle Rechte ans Kinn. Ein schöner Treffer, aber eigentlich nicht hart genug für einen Knockout. Die meisten im Publikum haben diesen Schlag – der als »Phantom Punch« in die Boxgeschichte eingehen wird – überhaupt nicht wahrgenommen. Doch Liston geht zu Boden. Ali kann es nicht fassen. Außer sich vor Wut schreit er Liston, der sich am Boden wälzt, an: »Steh auf, du Penner! Steh auf und kämpfe!« Ringrichter Jersey Joe Walcott – der ehemalige Champion – ist mit der Situation überfordert. Zuerst ist er damit beschäftigt, Ali im Zaum zu halten und ihn in die neutrale Ecke zu befördern. Liston zählt er gar nicht an – was den Regeln entspricht, weil Ali ja nicht in der neutralen Ecke ist. Liston ist inzwischen wieder auf den Beinen und Walcott gibt den Kampf frei. Dann lässt er die beiden weiterkämpfenden Boxer plötzlich stehen und geht an die Seile, wo ihm Nat Fleischer, Herausgeber des »Ring Magazine«, zuruft, dass Liston doch länger als zehn Sekunden am Boden gelegen habe. Obwohl Fleischer bei diesem Kampf keinerlei offizielle Funktion inne hat (und sein Hinweis somit eigentlich kein Gewicht haben dürfte), bricht Walcott den Kampf daraufhin ab und erklärt Ali zum Sieger. Die obskure Vorstellung dauert nur 1 Minute und 42 Sekunden. »Buh« und »Betrug!« rufen die entgeisterten Zuschauer. Und klar, dass nach dem umstrittensten Niederschlag der Boxgeschichte umgehend von Manipulation gesprochen wird, Listons Kontakte zur Mafia sind ja bekannt. Für Liston-Biograf

Nick Tosche ist der Betrug offensichtlich: Liston habe im Ring weniger Schauspieltalent gezeigt als während seines späteren bizarren Auftritts in einer Episode der schnulzigen TV-Serie »Love, American Style«. Dieser Fight sei nicht nur manipuliert gewesen, hier sei die Manipulation sogar offen zur Schau gestellt worden. Andere vermuten, dass die »Nation of Islam« Liston gedroht habe, man würde ihn ermorden, sollte er den Kampf gewinnen. Diese These wird durch eine Aussage gestützt, die Liston selbst später gegenüber Mark Kram, einem Journalisten von »Sports Illustrated« macht: »Dieser Junge (Ali) war verrückt. Ich wollte nichts mit ihm zu tun haben. Und die Moslems waren im Aufwind. Wer hatte das nötig? So ging ich zu Boden. Ich bin nicht geschlagen worden.«

DER UNTERGANG

Die beiden Niederlagen gegen Ali und vor allem der »Phantom Punch« beenden die kurze Regentschaft des am meisten gefürchteten – und am meisten gehetzten – Boxers aller Zeiten. Als Outlaw steht er nun endgültig im Abseits. Nie mehr wird Liston eine Chance auf einen Kampf um die Schwergewichtskrone erhalten.

Der letzte Akt endet entsprechend tragisch: Sportlich bleiben die Knockout-Niederlage gegen Leotis Martin (1969) in Erinnerung sowie sein letzter Kampf, den er am 29. Juni 1970 gegen Chuck Wepner durch K.o. in der 10. Runde gewinnt. Liston erhält für den Fight 13.000 US-Dollar. Doch das reicht nicht. Er hat Schulden, umgibt sich mit falschen Leuten, trinkt, nimmt wohl auch Drogen.

Am Abend des 5. Januar 1971 findet Listons Frau Geraldine – von einer Reise zurückkehrend – den Boxer leblos in ihrer Wohnung in Las Vegas. Die Leiche hat dort schon mehrere Tage gelegen. Später wird der Todestag auf den 30. Dezember 1970 festgelegt. Sonny Liston stirbt offiziell an einer Überdosis Heroin. Oder doch nicht? War es Selbstmord? Immerhin muss er zu Tode betrübt gewesen sein, weil er es zuließ, dass ihn Mafiosi ausbeuteten und erniedrigten. Gegen einen Suizid spricht eine Aussage von Johnny Tocco, Listons erstem und letztem Trainer: »Sonny hat nie etwas mit Heroin zu tun gehabt. Er hasste Nadeln.«

War es dann vielleicht sogar Mord? Was ist dran an dem Gerücht, Liston sei von der Mafia wegen ausstehender Spielschulden umgebracht worden?

Am Ende ist vieles, was wir über Sonny Liston zu wissen glauben, ungewiss – von den Umständen seiner Geburt über den »Phantom Punch« bis hin zu seinem mysteriösen Tod. Alles bleibt, wie so manches in der Welt des Profiboxens, pure Spekulation, die sich im Nebel der Vergangenheit verliert. Was überdauert – und Boxfans auf der ganzen Welt bis heute begeistert – sind Sonny Listons sensationelle Leistungen im Ring. Diese sind unumstritten und machen ihn zu einer echten Box-Legende.

Sonny Liston

GEBURTSNAME: Charles L. Liston
KAMPFNAME: Sonny Liston
GEBURTSTAG: 8. Mai 1932
GEBURTSORT: Forrest City, Arkansas (USA)
NATIONALITÄT: USA
WELTMEISTER IM SCHWERGEWICHT: 1962-1964
TODESTAG: 30. Dezember 1970
TODESORT: Las Vegas (USA)

KÄMPFE: 54
SIEGE: 50
K.-O.-SIEGE: 39
NIEDERLAGEN: 4

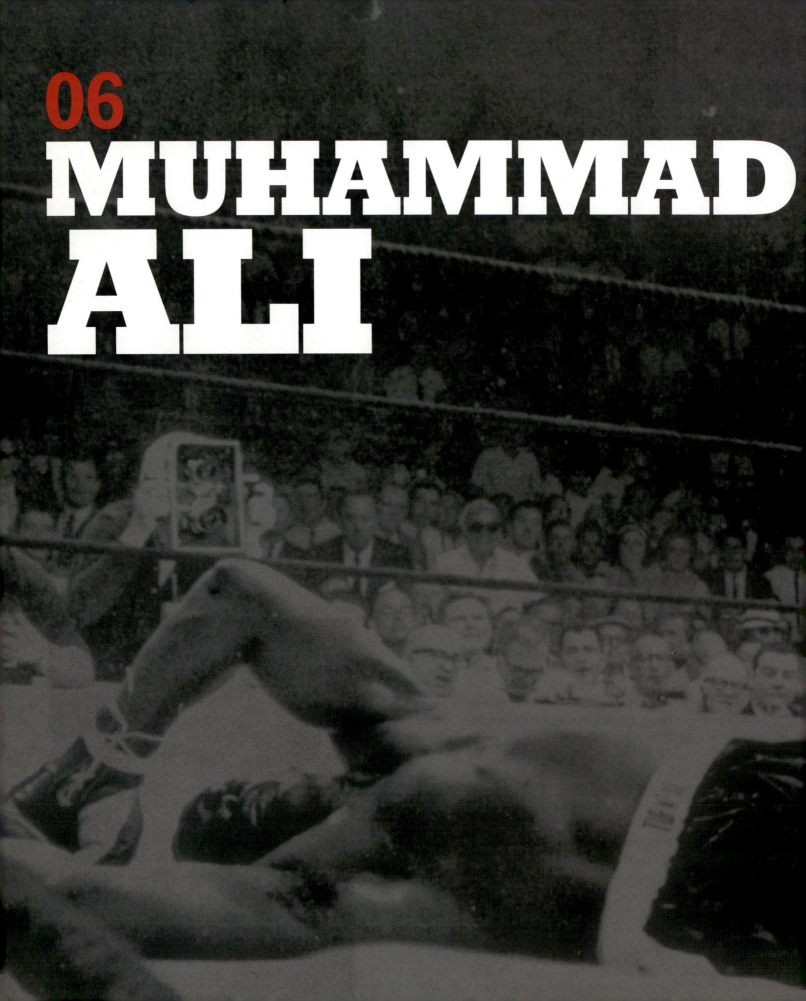

06 MUHAMMAD ALI

25. Mai 1965, Lewiston, USA. Weltmeisterschaftskampf zwischen Muhammad Ali und Sonny Liston. Ali schlägt Liston nach 105 Sekunden k.o. Den am Boden liegenden Gegner brüllt er zornig an: »Get up, you bum!« (»Steh auf, du Penner!«). Ringrichter Joe Walcott, der frühere Weltmeister, ist völlig konsterniert und versucht, den wutentbrannten Ali von Liston wegzudrängen.

The Greatest

Muhammad Ali ist eine Box-Ikone. Er gilt als der größte Boxer aller Zeiten und wird als einer der herausragenden Sportler des 20. Jahrhunderts verehrt. Mit seinen kunstfertigen, geschmeidigen Tänzen im Ring – dem berühmten »Ali Shuffle« – und seinem prahlerischen Auftreten ist er in seiner Zeit ein völlig neuer Boxertyp. Die Story von »The Greatest of all Time«, wie Ali sich selbst bezeichnet, ist wohl die mitreißendste Box-Legende aller Zeiten.

BOXEN – AUS RACHE AM FAHRRADDIEB

Bis Cassius Clay zur schillerndsten Persönlichkeit des Profi-Boxsports wird, ist es ein weiter Weg: In ärmlichen Verhältnissen wird Clay am 17. Januar 1942 in Louisville, Kentucky, geboren. Er ist der älteste von zwei Söhnen einer Putzfrau und eines Schildermalers, der ihn nach einem berühmten Gegner der Sklaverei benennt: Cassius Marcellus Clay (1810-1903).

Die Boxkarriere beginnt 1954 mit einem Fahrraddiebstahl. Zwölf Jahre ist Cassius alt, als er in seiner Heimatstadt Louisville mit seinem nagelneuen Fahrrad zu einem Basar fährt. Er stellt das rot-weiße Rad ab, schlendert an den Ständen entlang und will sich dann wieder auf den Heimweg machen. Doch das schmucke Rad ist verschwunden. Vor Wut weinend, rennt er zu einem Polizisten und droht dem Dieb Prügel an. Das ist wohl Vorsehung, denn der Polizist – er heißt Joe Martin – leitet in seiner Freizeit ein Boxzentrum. Und weil Clay es dem Dieb so richtig zeigen möchte, nimmt er Martins Einladung zum Probetraining an.

Das Talent wird sofort offenbar. Clay macht blitzschnell Fortschritte und bestreitet schon nach wenigen Wochen seinen ersten Kampf, den er knapp nach Punkten gewinnt. »Seht mich gut an. Bald werde ich der Größte aller Zeiten sein!« brüllt er nach dem Fight durch die Halle – und das wird zum Muster: Um die Aufmerksamkeit der Öffentlichkeit auf sich zu ziehen, stellt Clay sein Selbstbewusstsein schon in diesen frühen Tagen provokant zur Schau. Er überschüttet seine Gegner mit gemeinen Spottreimen und sagt die Ausgänge von Kämpfen zu seinen Gunsten voraus (»Archie Moore will be on the floor in round four«). »Ich schlage sie nicht nur k.o., ich bestimme auch wann«, sagt er. Clay erweist sich in der Folgezeit als echtes Showtalent und perfektioniert seine bitteren Provokationen später unter Zuhilfenahme der Medien. Diese Art der psychologischen Kriegsführung im Vorfeld der Kämpfe macht seinen Gegnern schwer zu schaffen und trägt dazu bei, dass viele von ihnen entnervt aufgeben.

DER WEG NACH OBEN

Cassius Clay verlässt die Schule als 16-Jähriger mit schlechten Noten, vertieft das Training und boxt sich nach oben – bald gilt er als eines der hoffnungsvollsten Talente im Land. Cassius sichert sich alle nationalen Amateurtitel und gewinnt 1960 – als 18-Jähriger – bei den Olympischen Spielen in Rom die Goldmedaille im Halbschwergewicht. Gerüchten zufolge wird er nach der Rückkehr in seiner Heimatstadt als »Nigger« beschimpft – und wirft seine Goldmedaille aus Ärger über den Rassenhass in Louisville in den Ohio River.

1960 wechselt Cassius Clay ins Profilager. Dort zeigt er schnell, was in ihm steckt. Am 29. Oktober 1960 ist es soweit: In Louisville bestreitet Clay sein Profidebüt gegen Tunney Hunsaker, gegen den er nach sechs Runden einen Punktsieg erreicht – dafür erhält er eine Börse von 2.000 Dollar. Von den 20 Kämpfen, die Clay bis 1963 bestreitet, gewinnt er alle. Der Mann mit den markigen Sprüchen macht auf sich aufmerksam – nicht nur, weil er in der Rangliste nach oben klettert, sondern auch wegen seines ausgefallenen Boxstils: Meist hält Clay die Arme nicht zur Deckung hoch. Im Gegenteil: Er lässt die Hände an der Hüfte hängen, lehnt den Oberkörper zurück und setzt auf blitzschnelle Beinarbeit und wendige Ausweichmanöver. Es ist der »Ali Shuffle«, mit dem er seine Gegner im Kampf rasant austanzt: »Float like a butterfly, sting like a bee« (»Fliege wendig wie ein Schmetterling, stich wie eine Biene«) – so hat Cassius Clay seinen Kampfstil selbst beschrieben. Wirkungslose Treffer auf durchtrainierte Körperteile nimmt er bewusst in Kauf, am Kopf wird er selten erwischt. Mit dieser nie dagewesenen Technik schafft er es immer wieder, seine Gegner zu überraschen.

WELTMEISTER!

Clays großes Ziel ist ein WM-Kampf. Eine wichtige Hürde auf dem Weg dorthin nimmt er beim Fight gegen den exzellenten britischen Schwergewichtler Henry Cooper am 18. Juni 1963. Es ist ein Kampf auf Biegen und Brechen. Cooper sieht gut aus, bis er in der 3. Runde eine stark blutende Platzwunde erleidet. Obwohl er mit dem linken Auge kaum mehr sehen kann, hält sich der Brite tapfer. Ende der 4. Runde schafft er es sogar, Clay zu Boden zu schlagen. Doch in der 5. Runde prügelt Clay gnadenlos auf den mittlerweile blutüberströmten Cooper ein, bis Ringrichter Tommy Little den Kampf abbricht. Sieg in Runde 5 – so hatte es Ali vorhergesagt. Jetzt kommt an ihm keiner mehr vorbei. Am 25. Februar 1964 erhält er als Herausforderer von Sonny Liston in Miami Beach seine Chance. Die Experten geben dem jungen Sprücheklopfer keine Chance, doch es kommt anders: Liston kapituliert nach der 6. Runde: Cassius Clay ist neuer Weltmeister! Der Gewinn des Weltmeistertitels markiert eine entscheidende Wende im Leben von Cassius Clay. Am Tag nach dem Kampf konvertiert er zum Islam und legt seinen »Sklavennamen« Cassius Clay ab. Fortan nennt er sich Muhammad Ali. Als Mitglied der radikalen Sekte »Black Muslims« sorgt er außerhalb des Boxrings immer wieder für Schlagzeilen.

Eine Szene aus dem Jahr 1964: Muhammad Ali gibt Autogramme in New York City. An seiner Seite Malcolm X, einer der Wortführer der »Nation of Islam«.

Cassius Clay vor seinem Kampf gegen den Briten Henry Cooper, den der »Größte« am 18. Juni 1963 in London für sich entscheidet.

»I am the greatest! I shook up the world!« brüllt Cassius Clay mit weit aufgerissenen Augen. Im Ring kommt es zum Tumult. Clay ist kaum zu bremsen. Kein Wunder: Es hat gerade den Kampf gegen Sonny Liston gewonnen und ist damit neuer Schwergewichtsweltmeister.

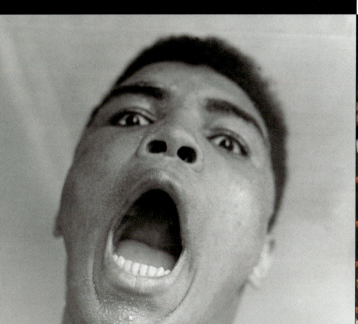

»Du zitterst ja vor Angst, du hässlicher Bär. Du hast keine Chance gegen mich!« Im Vorfeld des Kampfes gegen Sonny Liston reißt Cassius Clay seinen Mund weit auf.

25. Februar 1964. Miami Beach. WM-Kampf gegen Sonny Liston.

Cassius Clay wird als Sieger gefeiert. Sonny Liston (in seiner Ecke, vorne) hat nach der 6. Runde aufgegeben.

»ICH WEISS NICHT IMMER, WOVON ICH REDE. ABER ICH WEISS, DAS ICH RECHT HABE.« Muhammad Ali

AUF DEM GIPFEL

Muhammad Ali steht nun auf dem Höhepunkt seiner Karriere – auch gesellschaftlich. So erscheint er in den Hochglanzmagazinen, lässt sich mit Elvis Presley und den Beatles ablichten.

Sportlich braucht Muhammad Ali keinen Gegner mehr zu fürchten, verteidigt mehrmals seinen Titel. Besonders spektakulär ist der Rückkampf gegen Sonny Liston am 25. Mai 1965 in Lewiston (Maine), in dem Ali Liston mit dem berühmten »Phantom Punch« in der 1. Runde k.o. schlägt.

Am 21. Mai 1966 kämpft er dann in London noch einmal gegen Henry Cooper, und am 10. September 1966 tritt er im Rahmen einer Europa-Tournee gegen den deutschen Box-Europameister Karl Mildenberger an. Dabei wird deutlich, dass er mit der Rechtsauslage des Pfälzers nicht klarkommt, und so gestaltet sich der Fight vor 45.000 Zuschauern im Frankfurter Waldstadion als unerwartet spannend. Vor allem in der 6. und 7. Runde setzt Mildenberger Ali unter Druck. Für Mildenberger wird es der Kampf seines Lebens. Bis in die 12. Runde hält er grandios mit, wird dann aber wegen einer Platzwunde über dem linken Auge vom Ringrichter aus dem Kampf genommen. Nach dem Fight zeigt sich Ali schwer beeindruckt und kündigt an, nie wieder gegen Karl Mildenberger boxen zu wollen.

Zurück in den USA verteidigt er seinen Titel gegen Cleveland Williams und später auch gegen WBA-Champion Ernie Terrell. Der macht im Vorfeld einen Fehler, den er im Ring noch bereuen wird. Er nennt Ali bewusst »Clay«, benutzt also den verhassten »Sklavennamen«. Ali vernichtet Terrell in einem Kampf, den er genüsslich in die Länge zieht. Gnadenlos prügelt er auf Terrell ein, demütigt ihn bewusst und schreit ihn immer wieder an: »Wie heiße ich?« 15 Runden dauert das Gemetzel, dann ist Terrell erlöst – er wird nicht vergessen, wie sein Gegner wirklich heißt.

BOX-SPERRE IN DER BLÜTEZEIT

1967 geht Muhammad Ali außerhalb des Boxrings k.o. Als er als Soldat nach Vietnam eingezogen werden soll, verweigert er den Kriegsdienst – seine Begründung geht um die Welt: »Kein Vietcong hat mich je einen Nigger genannt«, sagt er. Damit gilt er im konservativen Amerika der 1960er Jahre als Vaterlandsverräter. Der Weltmeistertitel wird ihm aberkannt. Ali erhält Boxverbot, und da ihm auch sein Reisepass abgenommen wird, kann er nicht im Ausland kämpfen. Zudem wird er zu einer fünfjährigen Haftstrafe verurteilt, bleibt aber gegen Kaution auf freiem Fuß. Als Boxer in der Blütezeit zur Untätigkeit verdammt, sorgt Ali fortan außerhalb des Boxrings für Schlagzeilen. Als Liebling der Medien weiß er sein Showtalent zu nutzen, engagiert sich weiterhin politisch, macht sich vor allem für die Rechte der Afroamerikaner stark und tritt gegen den Vietnamkrieg ein. Für die um Emanzipation kämpfenden Schwarzen wird der charismatische Boxer neben Martin Luther King und Malcolm X zur wichtigsten Identifikationsfigur.

FIGHT OF THE CENTURY

Die Zeiten ändern sich, und so wird die Box-Sperre gegen Muhammad Ali am 11. September 1970 aufgehoben – nach 42-monatiger Zwangspause. Aber nicht nur politisch, auch sportlich hat sich viel geändert. Im Boxring haben mittlerweile »Junge Wilde« wie Joe Frazier und George Foreman das Sagen – Ali gilt als Champion von gestern. Am 26. Oktober 1970 feiert Ali mit einem K.-o.-Sieg in der 3. Runde gegen Jerry Quarry in Atlanta zwar ein erfolgreiches Comeback, doch er hat die frühere Leichtigkeit verloren – offensichtlich ist ihm die lange sportliche Auszeit nicht gut bekommen.

Am 8. März 1971 kommt es im New Yorker Madison Square Garden zum historischen Kampf zwischen Ali und Joe Frazier – erstmals in der Geschichte des Boxsports stehen sich damit zwei unbesiegte

10. September 1966: Ali verteidigt seinen Weltmeistertitel gegen den deutschen Box-Europameister Karl Mildenberger. »Es war mein schwerster Kampf seit dem Titelgewinn gegen Sonny Liston«, so Ali.

8. März 1971. New York. Titelverlust gegen Joe Frazier.

Muhammad Ali und Joe Frazier im »Boxkampf des Jahrhunderts«.

Muhammad Ali geht in der 15. Runde durch einen Schlag von **Joe Frazier** zu Boden und kann nur mit Mühe ein K.o. vermeiden, Frazier siegt überlegen.

Muhammad Ali trifft am 1. Oktober 1975 Herausforderer Joe Frazier in Manila im Gesicht. Gegen Joe Frazier trägt Ali drei Jahrhundertkämpfe aus: Am 8. März 1971 verliert er nach Punkten und ist damit seinen Weltmeistertitel los. Im zweiten, ebenfalls in New York ausgetragenen Fight erringt er am 28. Januar 1974 einen Punktsieg. Den dritten, auf höchstem Niveau stattfindenden Kampf gegen Frazier gewinnt Ali am 1. Oktober 1975 im »Thrilla von Manila« nach dramatischem Verlauf durch Technischen K.o. in der 14. Runde.

Schwergewichtsweltmeister gegenüber. Es ist ein gnadenloser, spannungsgeladener Kampf über die volle Distanz. Am Ende verliert Ali den »Fight of the Century« klar nach Punkten – seine erste Niederlage als Profi. Seine Fans sind am Boden zerstört. Ihr Idol ist geschlagen. Doch Ali reißt den Mund sofort wieder auf: Er sei der Champion, es kümmere ihn nicht, was ein paar Offizielle sagen. Ali erboxt sich das Recht auf einen Rückkampf gegen den inzwischen allerdings durch George Foreman entthronten Frazier. Und am 28. Januar 1974 stehen sich die beiden im New Yorker Madison Square Garden erneut gegenüber. Ali gewinnt nach Punkten: Nun endlich kann er den amtierenden Schwergewichtsweltmeister George Foreman herausfordern.

RUMBLE IN THE JUNGLE

1974 erhält Ali die einzigartige Chance auf ein glanzvolles Comeback: Boxpromotor Don King bietet Ali und Foreman jeweils fünf Millionen Dollar für einen WM-Kampf. Der Fight, der in Kinshasa, der Hauptstadt von Zaire, stattfinden soll, wird allerdings vor allem von Diktator Mobutu finanziert, der mit dem »Rumble in the Jungle« für sich und sein Land werben will. Rund um den Fight gibt es ein denkwürdiges Rahmenprogramm, unter anderem mit Konzerten von James Brown, B.B. King und Miriam Makeba. Die Hysterie im Vorfeld kennt keine Grenzen. Ali, mittlerweile 32 Jahre alt, wird als Außenseiter gehandelt. Der sieben Jahre jüngere Foreman gilt als haushoher Favorit. Beobachter gehen davon aus, dass Alis Boxkarriere nach diesem Kampf beendet ist. Doch erst einmal müssen sich alle in Geduld üben. Foreman verletzt sich beim Training – der Kampf wird um einen Monat verschoben, aber alle bleiben vor Ort. Ali nutzt die Zeit für seine bekannte psychologische Kriegsführung, verhöhnt seinen Gegner und sucht den Kontakt zur Bevölkerung, von der er als Volksheld umjubelt wird. Keine Frage: Er ist das Idol der Massen. »Ali, boma ye!« (»Ali, töte ihn!«) feuern sie ihn beim

Kinshasa, 30.Oktober 1974: Muhammad Ali steht in der 8 . Runde in der neutralen Ecke, sein k.o. geschlagener Kontrahent **George Foreman** hat Mühe, wieder auf die Beine zu kommen und wird vom Ringrichter ausgezählt. Ali holt sich mit dem sensationellen K.-o.-Sieg gegen den Titelverteidiger in Kinshasa den WM-Titel zurück. Nachdem er fast bewegungslos in den Seilen hing und die Angriffe des 25-jährigen Titelverteidigers abgewehrt hatte, startet er völlig überraschend eine Offensive und schlägt Foreman mit zwei Links-Rechts-Kombinationen k.o. Damit ist der 32-Jährige nach **Floyd Patterson** der zweite Boxer, der den WM-Titel im Schwergewicht zurückerobert.

Lauftraining auf den staubigen Straßen Kinshasas an. Foreman macht sich hingegen keine Freunde. Im Gegenteil: In der Öffentlichkeit tritt er mit einem Schäferhund auf, was bei der Bevölkerung böse Erinnerungen an die belgische Kolonialzeit weckt. Dann ist es soweit: Am 30. Oktober 1974 geht es zwischen Joe Frazier und Muhammad Ali in Kinshasa um den Titel. Damit der Fight in den USA zu halbwegs zumutbarer Zeit ausgestrahlt werden kann, wird um vier Uhr morgens gekämpft. 60.000 Zuschauer haben sich im Stadion eingefunden. Für Ali ist es ein Heimspiel. Während jede seiner Gesten frenetisch bejubelt wird, erntet Foreman nur Buh-Rufe – Alis Propaganda im Vorfeld trägt Früchte. »Ali, boma ye!« ruft die Menge. Im Ring beginnt Ali aggressiver als erwartet, versucht, den Kampf in den ersten zwei Runden durch waghalsige Schläge vorzeitig zu entscheiden. Doch er erkennt, dass er damit keine Chance gegen Foreman hat und schnell ermüden wird. Wer in den ersten beiden Kampfpausen in Alis Augen blickt, sieht, wie er einen neuen Plan sucht, und vielleicht ist da sogar Angst im Spiel. Dann überrascht Ali mit einer für ihn völlig ungewohnten Taktik. Statt wie gewohnt durch den Ring zu tänzeln, ist er plötzlich völlig passiv, geht mit beiden Fäusten in Deckung und lässt sich in den Seilen hängen. Foreman prügelt gnadenlos auf ihn ein, aber er kann keinen Wirkungstreffer erzielen. Zudem wird die Wucht der Schläge durch die locker gespannten Seile abgefedert. Ali steckt alles ein, bleibt auf den Beinen und bringt Foreman mit provozierenden Sprüchen zur Weißglut. Während des Kampfes redet er dauernd auf den Gegner ein: »Ist das alles, George? Ich habe mehr erwartet! Ist das alles, was du drauf hast?« Die zermürbende Taktik geht auf. Ali zeigt sich unbeeindruckt, kontert immer öfter mit blitzschnellen Kombinationen. Foreman kommt mit der Situation nicht klar, findet gegen seinen Kontrahenten einfach keine Mittel. Offensichtlich hat er seine Kräfte nicht richtig eingeteilt, er wirkt müde. Er hat überhaupt nicht damit gerechnet, dass es so ein langer und harter Fight werden würde. Ihm fehlt der Plan. In den letzten dreieinhalb Jahren hatte er nie mehr als fünf Runden gebraucht, um seine Gegner zu besiegen. Die letzten acht Kontrahenten schlug er sogar in den ersten zwei Runden k.o. Warum sollte es in Kinshasa anders sein? Schließlich

Revanche: Herausforderer Muhammad Ali landet eine Rechte am Kopf des amtierenden Weltmeisters Leon Spinks. Am 15. September 1978 wird Muhammad Ali in New Orleans nach einem 15-Runden-Kampf gegen den elf Jahre jüngeren Titelverteidiger zum dritten Mal Weltmeister aller Klassen.

gelingt Ali das Unmögliche: Mit einer blitzschnellen Kombination schlägt er den demoralisierten Foreman in der 8 . Runde mit einem Schlag an die rechte Schläfe k.o. Bei »8« kommt Foreman zwar wieder auf die Beine, doch der Ringrichter hat genug gesehen und bricht den Kampf ab. Muhammad Ali holt sich den Weltmeistertitel nach zehn Jahren zurück und durchbricht damit als erster Schwergewichtsprofi nach Floyd Patterson das eiserne Gesetz des Boxens »They never come back«.

ABSCHIED VOM RING

Ali verteidigt seinen Weltmeistertitel in Folge mehrmals, unter anderem gegen Chuck Wepner, den er allerdings erst in der 15 . Runde durch Technischen K.o. besiegen kann – dieser Kampf regt Sylvester Stallone übrigens zu »Rocky« an. Am 1. Oktober 1975 bestreitet Ali seinen letzten großen Fight: Der »Thrilla in Manila« gegen Joe Frazier gilt als einer der besten Kämpfe in der Geschichte des Schwergewichtsboxens – und bei Temperaturen um 40 Grad auch als einer der heißesten. Ali gewinnt nach der 14 . Runde. Fortan boxt er nur noch gegen ungefährliche Gegner und nimmt an hochdotierten Schaukämpfen teil. Als unwürdiges Spektakel ist vor allem sein Auftritt am 25. Juni 1976 in Tokio in Erinnerung. Der peinliche Fight gegen den japanischen Wrestling-Champion Antonio Inoki – als »Duell der Giganten« vermarktet – endet unentschieden. Er bringt Ali sechs Millionen Dollar, kostet ihn aber Reputation und den Titel »Boxer des Jahres«, der ihm (wie schon 1963, 1972, 1974 und 1975) auch 1976 verliehen werden sollte. Am 15. Februar 1978 verliert der sichtlich übergewichtige Ali seinen WM-Titel in Las Vegas überraschend gegen Leon Spinks. Mittlerweile 36 Jahre alt, hätte er nun in Ehren abtreten können, aber er will seinen Titel zurück. Außerdem gibt es in dieser Zeit Gerüchte um finanzielle Sorgen. Es heißt, Ali steige nur in den Ring, um seinen aufwändigen Lebensstil zu finanzieren und seine Ex-Frauen und Kinder zu versorgen. Was soll's: Er trainiert hart, und steigt am 15. September 1978 – wesentlich besser vorbereitet – erneut gegen Leon Spinks in den Ring und siegt. Er ist wieder einmal auferstanden. Obwohl Ali am 27. Juni 1979 seinen Weltmeistertitel zurückgibt und offiziell abtritt, kehrt er gegen den Rat seiner Ärzte am 2. Oktober 1980 gegen Larry Holmes noch einmal in den Ring zurück. Das Comeback scheitert: Ali hat gegen Holmes nicht den Hauch einer Chance und muss gegen den jüngeren Weltmeister in der 10. Runde aufgeben. Kleiner Trost: Ali kassiert acht Millionen US-Dollar, die bis dahin höchste im Profiboxsport gezahlte Börse. Am 11. Dezember 1981 steigt Muhammad Ali auf den Bahamas dann wirklich ein allerletztes Mal in den Ring. Im Kampf gegen den Kanadier Trevor Berbick – bekannt als »The Drama in Bahama« – erleidet er nach zehn Runden eine Punktniederlage.

Seinen letzten Kampf gegen die Parkinson-Krankheit sieht Muhammad Ali als »Prüfung Gottes«. Er geht offensiv mit seinem Schicksal um und zeigt sich immer wieder in der Öffentlichkeit – unvergessen ist sein Auftritt bei der Eröffnungsfeier der Olympischen Spiele 1996 in Atlanta, wo er mit zitternder Hand das Olympische Feuer entzündet. Muhammad Ali wird immer der Größte bleiben!

Muhammad Ali

GEBURTSNAME: Cassius Marcellus Clay
KAMPFNAME: The Greatest
GEBURTSTAG: 17. Januar 1942
GEBURTSORT: Louisville, Kentucky (USA)
NATIONALITÄT: USA
WELTMEISTER IM SCHWERGEWICHT: 1964-1966; 1966 WBC; 1967 WBC & WBA; 1974-1978 WBC & WBA; 1978-1979 WBA

KÄMPFE: 61
SIEGE: 56
K.-O.-SIEGE: 37
NIEDERLAGEN: 5

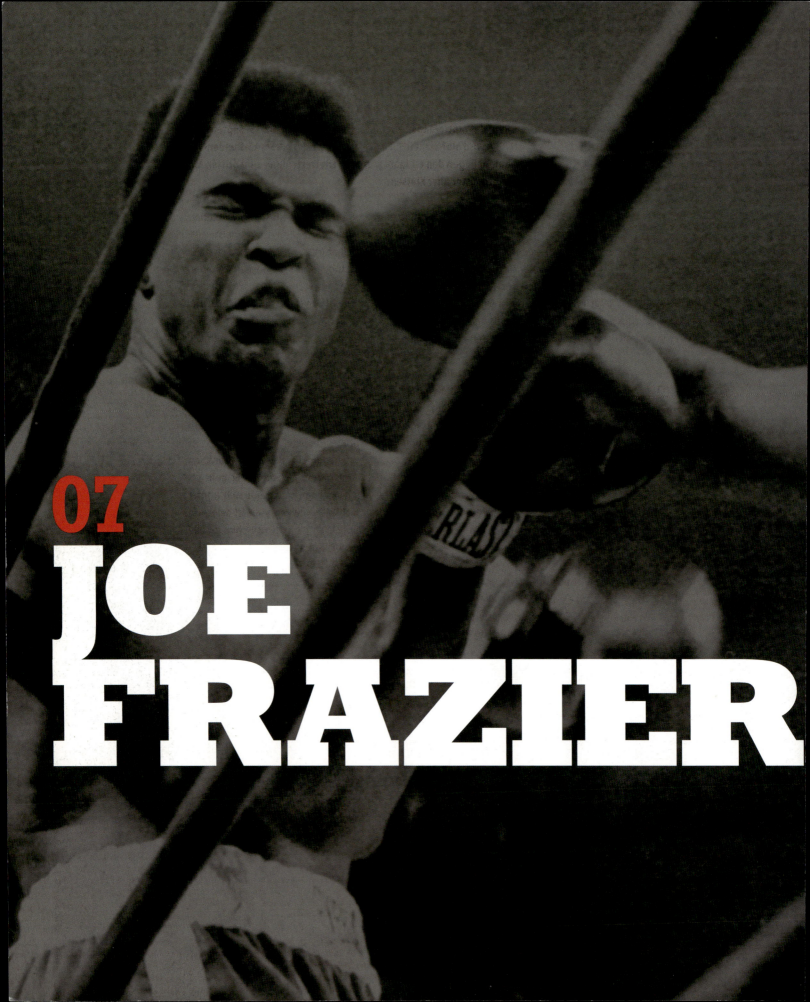

07 JOE FRAZIER

Joe Frazier **79**

Autsch! Muhammad Ali kassiert beim »Kampf des Jahrhunderts« am 8. März 1971 im New Yorker Madison Square Garden einen schweren Kopftreffer durch seinen Kontrahenten Joe Frazier. Ein erbitterter Fight, den Ali am Ende verliert.

Iron Man mit Herz

Joe Frazier ist ein Titan unter den Schwergewichtsboxern des 20. Jahrhunderts. Sein unerbittlicher Volldampf-Kampfstil und sein unglaublicher Kampfgeist lassen ihn zur Legende werden. Fraziers drei Duelle mit Muhammad Ali zählen zu den größten Kämpfen aller Zeiten. Der »Iron Man« steht im Schatten von Muhammad Ali, ist jedoch für viele Boxfreunde das eigentliche Idol – und wegen seines bescheidenen Auftretens am Ende sogar über seinen Erzrivalen hinausgewachsen.

Als Sohn des Farmpächters Rubin Frazier und seiner Frau Dolly wird Joe Frazier als jüngstes von zwölf Kindern am 12. Januar 1944 in Beaufort, South Carolina, geboren. Der Junge wächst auf dem Land auf – aber das hört sich idyllischer an als die brutale Realität: Beaufort ist damals die Hungerhauptstadt des Landes und weist die höchste Kindersterblichkeit der USA auf. Auch Familie Frazier hat es nicht leicht. Der Boden gibt kaum etwas her, außer Wassermelonen und Baumwolle lässt sich nichts ernten. Durch das löchrige Dach der Hütte, in der sie leben, tropft an Regentagen das Wasser. Joe arbeitet auf den Feldern und hat bald einen Ruf als harter Junge. Anfang der 1950er Jahre bringt sein Vater einen Fernseher mit nach Hause. Da sind dann auch Boxkämpfe zu sehen, von Sugar Ray Robinson, Rocky Marciano und anderen Boxlegenden. Als sein Onkel den kräftigen Joe anschaut und sagt »Dieser Junge wird mal ein zweiter Joe Louis«, hat er das Feuer entzündet. Joe bastelt sich einen Boxsack, auf den er in den nächsten Jahren täglich eindrischt. 1959, Joe ist jetzt 15, kehrt er dem Landleben den Rücken.

Joe Frazier mit der Goldmedaille, die er bei den Olympischen Spielen 1964 in Tokio gewinnt.

IN DER GROSSEN STADT

Über New York gelangt er nach Philadelphia, wo Joe einen Job als Arbeiter in einem Schlachthof findet. Um in Form zu bleiben, trainiert er in seiner Freizeit als Boxer und prügelt während der Arbeit wie ein Besessener auf Rinderhälften ein – was Sylvester Stallone zu der berühmten Szene im Boxer-Epos »Rocky« inspiriert. Joe zeigt beim Training tausendprozentigen Einsatz, und bald stellt sich auch der gewünschte Erfolg ein: Er wird zu einem der besten Amateurboxer der Nation, gewinnt die Golden Gloves 1962, 1963 und 1964. Nur beim entscheidenden nationalen Ausscheidungskampf für die Olympischen Sommerspiele 1964 in Tokio gegen Buster Mathis unterliegt er. Joe ist am Boden zerstört. Doch dann verletzt sich Buster Mathis die Hand, und Joe Frazier geht nach Tokio, wo der damals 20-Jährige im Finale gegen den Deutschen Hans Huber die Goldmedaille gewinnt. Joe Frazier bringt Ruhm und Ehre nach Hause – aber auch einen gebrochenen Daumen. Und der hindert ihn daran, weiter im Schlachthaus zu arbeiten.

Smokin' Joe in Kampfpose

Sein Konto ist leer, er kann keine Rechnungen bezahlen, und weil er keine Weihnachtsgeschenke für seine Kinder kaufen kann, ruft ein lokaler Radiosender die Hörer auf, Spielzeug für die Kinder des Goldmedaillengewinners zu spenden. Es kommt einiges zusammen – Joe Frazier ist eben schon früh ein beliebter Mann.

Finanziell wird es bald besser laufen. Sein Trainer Yancey »Yank« Durham bringt eine Reihe von Sponsoren zusammen, was ihm erlaubt, in Vollzeit zu trainieren. Joe Frazier ist jetzt Profiboxer. Und er hat das Glück, in die richtigen Hände zu geraten. Durham hilft ihm, das nächste Level zu erreichen. Der Mann ist laut, manchmal unverschämt, erreicht aber, dass ihm Frazier beim Training zuhört. Durham ist es, der Frazier die grundlegenden Fertigkeiten des Profiboxens beibringt und aus ihm einen würdigen Anwärter auf den Titel des Schwergewichtsweltmeisters macht. 1966 wird Eddie Futch sein neuer Trainer, Durham bleibt allerdings bis zu seinem Tod 1973 Fraziers Manager.

MÖRDERISCHE WAFFEN

Seinen ersten Profikampf gewinnt Joe Frazier am 16. August 1965 gegen Woody Goss durch Technischen K.o. in der 1. Runde. Auch die folgenden 18 Kämpfe gewinnt er, davon 16 durch K.o. Joe Frazier wird bekannt für seinen offensiven Kampfstil – nicht ohne Grund ist sein Spitzname Smokin' Joe (Volldampf-Joe). Seine mörderischste Waffe ist der unberechenbare linke Haken: Wenn er die Nieren trifft, spuckt man einen Monat lang Blut. Wenn er die Rippen trifft, sind sie gebrochen. Und trifft er den Kiefer, dann kann man sein Testament machen. Aber Joe Frazier auf diesen linken Haken zu reduzieren, das wäre, wie über Marilyn Monroe zu schreiben, sie sei blond gewesen. Was den Unterschied zu anderen ausmacht, zeigt sich schon früh, etwa im Kampf gegen den argentinischen Schwergewichtler Óscar Bonavena im September 1966 in New York. Joe Frazier offenbart dem Publikum im New Yorker Madison Square Garden dabei Eigenschaften, die ihn während seiner gesamten weiteren Karriere auszeichnen werden: Kampfgeist, Siegeswille, Durchhaltevermögen, Herz und Charakter. Gegen Bonavena geht er zwar in der 2. Runde gleich zweimal zu Boden, doch er steht immer wieder auf. Und dann kommt Smokin' Joe erst richtig in Fahrt, um den Argentinier in der 10. Runde K.o. zu schlagen.

Was allerdings keiner weiß: Joe Frazier hat ein echtes Handicap. Bereits 1964 diagnostiziert man bei einer Untersuchung eine Eintrübung des linken Auges. Sein ganzes weiteres Leben wird der Boxer mit eingeschränkter Sehkraft kämpfen müssen. Er behält dieses Geheimnis für sich, stimmt jedoch seinen Kampfstil darauf ab und ist vor allem darauf bedacht, das linke Auge zu schützen. Und mit seinem berüchtigten linken Haken schafft er es auch, Gegner auf seine rechte Seite zu lenken.

Es geht immer steiler nach oben: Ein Kampf mit Muhammad Ali, den Frazier im Februar 1967 trifft, ist in Reichweite. Doch der Champion verliert wegen seiner Kriegsdienstverweigerung den Titel und darf nicht mehr kämpfen. Um die Lücke zu füllen, lässt man Joe Frazier am 4. März 1968 gegen Buster Mathis antreten. Frazier besiegt seinen alten Rivalen durch Technischen K.o. in der 11. Runde und sichert sich damit den vakanten WBC-Weltmeistertitel. Nachdem er am 16. Februar 1970 auch gegen WBA-Champion Jimmy Ellis in einem Vereinigungskampf gewinnt, ist Joe Frazier der unumstrittene Champion. Den Titel hat er, aber nicht die Krone, denn da ist ja noch Muhammad Ali. Und der steht bereits in den Startlöchern.

ALI UND FRAZIER

Ali und Frazier könnten als Boxer, Persönlichkeiten und hinsichtlich ihrer politischen Haltung nicht unterschiedlicher sein. Frazier ist eher ein ruhiger Typ und ein braver Familienvater. Ali ist extrovertiert und für seine Zeit ein völliger Freak. Frazier lässt sich mit Nixon fotografieren, Ali verweigert den Kriegsdienst. Frazier ist

Joe Frazier verteidigt seinen Titel am 11. Dezember 1968 nach 15 Runden gegen den Argentinier Óscar Bonavena.

eher unpolitisch, Ali kämpft lauthals für die Rechte der Schwarzen – und beschimpft Frazier als Champion des weißen Establishments. Beide wollen den Kampf, aber der kommt vorerst nicht zustande, da Ali wegen seiner Kriegsdienstverweigerung gesperrt ist. Ali braucht den Fight gegen Frazier, nicht nur wegen der sportlichen Reputation, auch weil er ganz schlicht Geld benötigt, denn nach der langen Abstinenz im Ring ist er klamm. Frazier weiß das und setzt sich vehement dafür ein, dass Alis Sperre aufgehoben wird. Einmal nimmt er Ali im Auto mit und will ihm ein paar Geldscheine zustecken. Ali winkt zuerst ab, nimmt dann aber doch an. Und wie bedankt er sich für diese Großherzigkeit? Kaum ist er aus dem Auto gesprungen, gibt er wieder das Großmaul und verhöhnt Joe Frazier. Frazier hört im Radio, wie ihn Ali als hässlichen Feigling und Onkel Tom beschimpft. Er ist völlig perplex und so wütend, dass er das Radio auf den Boden wirft und zertrampelt. Als Ali später sogar noch Fraziers Trainingscamp aufsucht, kommt es zwischen den beiden fast zum Straßenkampf. Frazier ist so wütend über das Verhalten seines vermeintlichen Freundes, dass er Alis Haus in New Jersey aufsucht und ihm auf den Treppen des Hauses den Krieg erklärt.

Aber es ist ja nur das alte Muster. Ali wendet bei Frazier wieder einmal die psychologische Kriegsführung an. Und es zeigt sich erneut: Alis Mundwerk ist für seine Gegner eine ebenso gefährliche Waffe wie seine Fäuste. Mit Ali ist es wie mit Dr. Jekyll und Mr. Hyde. Manchmal ist er die Sanftmut in Person, dann verwandelt er sich urplötzlich in ein sprücheklopfendes Monster. Aber er braucht das wohl, muss seine Gegner einfach niedermachen, um sich selbst aufzubauen.

Was für Ali eher ein Spiel ist, verletzt Frazier zutiefst. Er kann das einfach nicht verstehen. Er hat Ali in schweren Zeiten geholfen, dachte er sei sein Freund, hat ihm vertraut. Und jetzt wird ihm bewusst, dass Ali nur mit ihm gespielt hat.

SHOWDOWN IN NEW YORK

Nachdem Alis Sperre am 11. September 1970 aufgehoben wird, kommt es am 8. März 1971 im New Yorker Madison Square Garden zum Showdown der beiden ungeschlagenen Schwergewichtschampions. Der Fight wird jedem Boxer unglaubliche 2,5 Millionen US-Dollar

8. März 1971. Madison Square Garden. Kampf des Jahrhunderts.

Ali kassiert einen schweren Treffer.

Am 8. März 1971 geht Ali im Madison Square Garden in New York zu Boden. Dort sieht ihn Joe Frazier am liebsten.

Die ewige Nervensäge: Muhammad Ali »überfällt« Joe Frazier während dessen Training in Philadelphia am 30. Januar 1971. Frazier ist außer sich. Fast kommt es zum Straßenkampf.

Joe Frazier mit seinem neuen Rolls-Royce am 21. Juni 1974 in Philadelphia. Frazier belohnt sich mit diesem Auto nach dem Sieg gegen Jerry Quarry am 17. Juni 1974.

in die Kasse spülen, aber jetzt ist Geld nicht mehr das Thema. Es geht um mehr, um zwei Weltanschauungen, Schwarz gegen Weiß, Frieden oder Krieg, Jung gegen Alt. Die Boxwelt ist außer sich. Noch nie hat sie einem Kampf so entgegengefiebert wie diesem. New York ist im Boxfieber. Die Karten sind bereits an einem einzigen Tag ausverkauft. Rund um den Madison Square Garden versammeln sich die Massen – es ist wie Silvester am Times Square. In der Arena ist die Stimmung hochexplosiv. Die Luft ist wie elektrisiert. Und als beide Boxer endlich die Arena betreten, erreicht die Spannung ihren Siedepunkt. Die Menschen sind außer sich, wie im Rausch geben sie sich der Vorfreude auf einen rohen, puren Kampf hin. Ali und Frazier werden lautstark und enthusiastisch angefeuert – und das geht ohne Unterlass so, bis zum Ende des Kampfes.

Bis zur 8. Runde hat Frazier die Nase vorn, dann bringt sich Ali in der 9. Runde mit harten und sauberen Kombinationen wieder ins Spiel. In der 11. Runde kracht Fraziers mächtiger linker Haken an Alis Kinn, und Ali schrammt knapp am Knockout vorbei. In den nächsten drei Runden trommeln die beiden in ihrer Technik so unterschiedlichen Kämpfer dann mit allen ihnen zur Verfügung stehenden Waffen aufeinander ein. Endlich, in der 15. Runde, hat Frazier Ali dann dort, wo er ihn sehen möchte: Direkt an Alis Kinn landet er erneut einen mörderischen linken Haken – es ist einer der legendärsten der Boxgeschichte. Ali geht zu Boden. Doch es wird kein Knockout, der Champion kommt wieder auf die Beine und übersteht die Runde, verliert am Ende jedoch einstimmig nach Punkten. Jetzt hat Frazier auch die Krone.

PUBLICITY-SPIELCHEN

Joe Frazier, nunmehr unbestrittener Weltmeister, macht das, was viele frischgebackene Champions gern machen: Er nimmt sich eine Auszeit. Nach dem Titelgewinn bestreitet er das ganze Jahr lang keinen Kampf. Und die Öffentlichkeit lernt einen völlig anderen Menschen kennen. Joe Frazier wirkt vergnügt und entspannt. Als begeisterter Sänger tritt er mit seiner Band »The Knockouts« auf.

1972 absolviert Joe Frazier nur zwei Kämpfe gegen die unerfahrenen Boxer Terry Daniels und Ron Stander, dann wartet am 22. Januar 1973 in Kingston, Jamaika, mit George Foreman ein anderes Kaliber. Foreman schafft die Sensation, schlägt Frazier sechsmal nieder, und nach Technischem K.o. in der 2. Runde ist dieser seinen Titel los.

Sieben Monate nach dem verlorenen Kampf erleidet Frazier einen weiteren Rückschlag: Yancey »Yank« Durham, sein Mentor und Manager, stirbt. Neuer Manager wird Eddie Futch.

Dann geht es zum zweiten Mal gegen Muhammad Ali, und wie gehabt kommt es im Vorfeld zu schmutzigen Publicity-Spielchen. In einer Talk Show wird es sogar richtig ernst – was auch immer der Auslöser gewesen sein mag: Frazier dreht durch und geht auf Ali los – das ist keine Show mehr, das ist purer Hass!

So spannend solche Ouvertüren außerhalb des Rings auch sein mögen, so unspektakulär gestaltet sich der eigentliche Fight am 28. Januar 1974. Frazier unterliegt in diesem über 12 Runden gehenden Aufeinandertreffen einstimmig nach Punkten.

»WIR KAMEN ALS JUNGE CHAMPIONS NACH MANILA UND GINGEN ALS ALTE MÄNNER.« Muhammad Ali über den »Thrilla in Manila«

»THRILLA IN MANILA«

Nach zwei Kämpfen und 27 Runden zwischen Ali und Frazier kommt es am 1. Oktober 1975 in Manila zum dritten und spektakulärsten Kampf. Der Fight – vermarktet als »Thrilla in Manila« entscheidet alles: Wer ihn gewinnt, geht in die Boxgeschichte ein. Für Ali und Frazier wird das Aufeinandertreffen im Ring aber auch zur ganz persönlichen Abrechnung. Die Rivalität ist echt und keineswegs für die Massen inszeniert. Und klar, dass Ali vor dem Fight wieder gehörig austeilt: »Das wird'n Thriller, ein Knüller gegen den Gorilla in Manila.«

Um sich an das tropische Klima zu gewöhnen, reisen Frazier und Ali sechs Wochen vor dem Kampf nach Manila. Während Frazier eisern trainiert, lässt es Ali locker angehen und gönnt sich Freizeit. Dann kommt der Tag des Kampfes. Millionen Menschen aus aller Welt fiebern der im Boxring ausgetragenen Privatfehde der beiden Boxgiganten entgegen. Auf den Philippinen wird der Kampftag zum nationalen Feiertag erklärt. In das zehn Kilometer außerhalb der Stadt gelegene Araneta Coliseum passt kein Strohhalm mehr. 28.000 Menschen drängeln sich hier in der feuchten Hitze aneinander. Sogar an den Dachträgern hängen die Leute. Dann die Vorstellung der Boxer – und was macht Ali? Er schnappt sich die mitten im Ring stehende Weltmeisterschaftstrophäe und stellt sie frech in seine Ecke. Frazier versucht, diese Provokation zu ignorieren. Dann wird es ernst. Kein Abtasten ist nötig. Beide Boxer kennen sich ja in- und auswendig. Also geht es direkt zur Sache. Und die Rollen sind vom ersten Augenblick an verteilt: Frazier als wilder Stier, Ali als Matador. Ali beginnt in der aggressiven 1. Runde mit hoch erhobenen Handschuhen, während Frazier sofort den extrem hart attackierenden Puncher gibt. Er sucht die Nähe Alis, der eine um 17 Zentimeter längere Reichweite hat. Dabei pendelt Frazier mit dem Oberkörper hin und her wie ein Gummiball auf dem Wasser – eine Technik, die ihm Trainer Eddie Futch eingebläut hat, um Alis Schlägen auszuweichen. Ali ist längst nicht mehr der Tänzer von früher, aber er besitzt immer noch eine sensationelle Technik, unglaubliches Stehvermögen und ist immer gut für eine blitzschnelle Kombination. Als Hauptwaffe gegen Frazier setzt er seine rechte Gerade ein. Die ersten Runden gehören Ali. Doch in der 5. Runde kehrt Frazier gewaltig zurück und findet seinen Rhythmus. Er drängt Ali in die Seile und landet einen linken Haken, der andere aus dem Ring katapultiert hätte. Es ist bestialisch. Die beiden schlagen

1972 verteidigt Joe Frazier in New Orleans seinen Titel gegen US-Schwergewichtler Terry Daniels (vorn), der nach einem Schlag seines Kontrahenten in der 4. Runde in die Ringseile fällt. Der Ringrichter stoppt den Kampf und erklärt Frazier zum Sieger durch Technischen K.o.

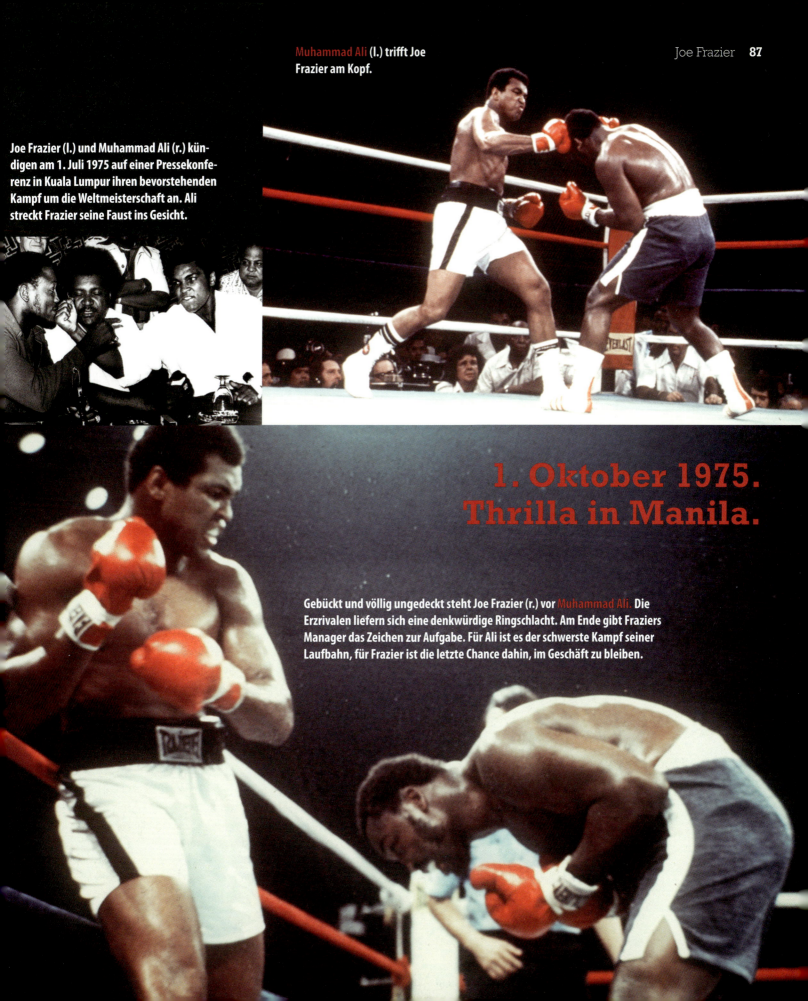

Joe Frazier (l.) und Muhammad Ali (r.) kündigen am 1. Juli 1975 auf einer Pressekonferenz in Kuala Lumpur ihren bevorstehenden Kampf um die Weltmeisterschaft an. Ali streckt Frazier seine Faust ins Gesicht.

Muhammad Ali (l.) trifft Joe Frazier am Kopf.

1. Oktober 1975. Thrilla in Manila.

Gebückt und völlig ungedeckt steht Joe Frazier (r.) vor Muhammad Ali. Die Erzrivalen liefern sich eine denkwürdige Ringschlacht. Am Ende gibt Fraziers Manager das Zeichen zur Aufgabe. Für Ali ist es der schwerste Kampf seiner Laufbahn, für Frazier ist die letzte Chance dahin, im Geschäft zu bleiben.

Der Boxer als Sänger: Joe Frazier (r.) singt zusammen mit den »Knockouts« am 1. Februar 1971 in New York. Mit seiner Band tourt er durch die USA und Europa.

aufeinander ein, als ob es kein Morgen gäbe. Frazier rennt ohne Unterlass gegen Ali an. In seinen Schlägen steckt die ganze Wut über die Erniedrigungen, die Ali ihm in den letzten Jahren zugefügt hat. Der Kampf wird zur hasserfüllten Schlacht. »Smokin' Joe« startet auch die 6. Runde mit Volldampf. Und bei seinem Gegner bleibt das nicht ohne Wirkung. Immerhin hat Ali, in den Seilen hängend, immer noch Puste für einen Gag: »Hey Joe, alle sagen, mit dir ist nichts mehr los«, giftet er. »Die lügen, Champ«, antwortet Frazier mit tiefem Bass. Runde 6 ist eindeutig Fraziers Runde. Mit der 8. Runde meldet sich Ali erneut zu Wort. Er attackiert, Frazier ist kurz überrascht, drängt Ali dann aber wieder in die Seile. Es ist einfach unvorstellbar, dass er dieses Tempo durchhält. Nach 10 Runden herrscht Gleichstand. Jeder hat 5 Runden für sich entscheiden können. Die Spannung steigt. Die Temperaturen auch. Sie liegen über 40 Grad. Die Arena ist ein schwülfeuchter Dampfkessel. Kein Lüftchen. Keine Klimaanlage. Die nassen Hemden der Zuschauer kleben an der Haut. Wie muss das erst für die Boxer sein, die hier ans Limit gehen? Die Erschöpfung ist Ali und Frazier ins Gesicht geschrieben. Trotzdem lässt der Kampf in seiner Intensität nicht nach. Im Gegenteil: Er wird immer brutaler. Keiner gibt nach, keiner macht schlapp. Und längst geht es nicht mehr darum, wer besser boxt. Wer ist besser austrainiert? Wer hat die bessere Kondition? Wer hat das bessere Durchhaltevermögen? Wer hat die bessere Moral? Das sind jetzt die kampfentscheidenden Fragen. Runde 12: Die extreme Schlacht der Erzfeinde geht in die Endphase. »Nun müssen sie den Hass doch langsam auseinander rausgeprügelt haben«, sagt der BBC-Kommentator. Und in der Stimme schwingt Angst mit. Jeder weiß: Beide Boxer haben den Punkt völliger Erschöpfung überschritten und befinden sich jetzt – nur noch durch den Willen zum Sieg angetrieben – in Lebensgefahr. Ali fügt Frazier einen Cut über dem rechten Auge zu. Das Auge schwillt böse an. Ali merkt es und schlägt immer wieder gezielt auf die verletzte Stelle. Für Frazier, der auf dem linken Auge ohnehin fast blind ist, eine Katastrophe. Er kann nichts mehr sehen, schlägt nur noch nach Gehör und Gefühl, wird schwerfällig, gibt aber nicht auf, prügelt weiter auf Ali ein. Doch der wittert jetzt seine Chance. In Runde 13 trifft er mit einer zerstörerischen Rechten. Fraziers Mundschutz fliegt bis in die Zuschauerreihen – macht nichts, er kämpft ohne weiter. Am Ende der Runde ist Fraziers Körper völlig ausgepumpt und benebelt. Um wieder klar zu werden, muss er in der Pause mit Riechsalz behandelt werden. Seine Augen sehen schlimm aus. Er blutet aus dem Mund. Frazier steht kurz vor dem Zusammenbruch. Aber Kapitulation? Niemals! Und so setzt sich das Leiden in der 14. Runde fort.

Es ist nur noch der unerhörte Kampfgeist, der Frazier auf den Beinen hält. Er schlägt wie wild um sich, ohne Aussicht, einen Treffer zu landen – die pure Verzweiflung. Ali hat nicht mehr die Kraft zum Knockout, trifft jedoch mehrmals Fraziers rechtes Auge. Frazier ist jetzt fast blind, findet am Ende der Runde nur mit Hilfe des Ringrichters den Weg in seine Ecke. Dort muss Eddie Futch nun die schwerste Entscheidung seiner Karriere treffen. »Das war's Joe«, sagt er. Frazier will es nicht fassen, springt auf. Futch klopft ihm väterlich auf die Schulter, sagt: »Setz dich. Du gehst nicht raus.« »Ich wollte nicht, dass ihm etwas zustößt«, sagt Futch im Rückblick. Eine mutige, bewundernswerte Entscheidung, denn Futch weiß, dass es um Leben und Tod geht: Jeder Treffer hätte für Frazier das Ende bedeuten können. Futch bricht den unerbittlichen Kampf ab. Ali geht es jedoch nicht besser als Frazier. Er hat kaum Kraft zum Jubeln und bricht noch im Ring vor Erschöpfung zusammen. »Nie bin ich dem Tod so nahe gewesen«, sagt Ali später.

Joe Frazier hat diesen Jahrhundertkampf verloren, aber die Boxwelt zollt ihm danach großen Respekt. Und endlich findet auch Ali lobende Worte: »Er war groß. Größer als ich gedacht habe. Er ist hart. Er ist ein echter Kämpfer.« Der beste Boxkampf aller Zeiten ist vorbei, doch die Erinnerung wird nicht verblassen: Bis heute steht der »Thrilla in Manila« für alles, was Boxen ausmacht – und wird daher in den Herzen der Boxfans für immer einen festen Platz haben.

DIE LETZTEN FIGHTS

Mit dem Kampf in Manila haben Ali und Frazier ihren Zenit überschritten, aber natürlich boxen beide weiter. Am 15. Juni 1976 will Joe Frazier sich im Rückkampf bei George Foreman für seine Niederlage 1973 in Jamaika revanchieren, erleidet jedoch erneut eine K.-o.-Niederlage, diesmal in der 5. Runde. Nach diesem Fight beendet Frazier vorerst seine Karriere. Fortan arbeitet er in Philadelphia als Boxtrainer, eine Zeit, in die auch ein Gastauftritt in »Rocky« fällt. 1981 scheitert ein Comeback: Gegen Floyd Cummings erzielt er nur ein Unentschieden. Danach hängt er die Boxhandschuhe endgültig an den Nagel. 1996 veröffentlicht Joe Frazier seine Autobiographie »Smokin' Joe«. Darin wird deutlich, wie sehr Muhammad Ali sein Leben als Boxer bestimmt hat – und wie verbittert Frazier immer noch ist. So nennt er Ali im gesamten Buch Cassius Clay, obwohl er weiß, dass Ali dieser »Sklavenname« verhasst ist. Auch weitere Aussagen belegen, dass die Wunde nie verheilt ist. Als der sichtlich von seiner Parkinson-Krankheit gezeichnete Muhammad Ali 1996 in Atlanta das Olympische Feuer entzündet, macht sich Frazier über dessen zitternden Arm lustig: Er hoffe, dass Ali beim Entzünden des Feuers verbrennt.

Im Jahr 2000 kommt es im Vorfeld eines Box-Kampfes der beiden Töchter Laila Ali und Jackie Frazier-Lyde bei einem überraschenden Treffen zur Versöhnung zwischen Muhammad Ali und Joe Frazier.

Am 7. November 2011 stirbt Joe Frazier im Alter von 67 Jahren. An der emotionalen Trauerfeier in Philadelphia nehmen 4.000 Menschen teil. Auch Ali lässt es sich nicht nehmen, persönlich Abschied zu nehmen. In der Kirche erhebt er sich und applaudiert seinem Erzrivalen, der am Ende doch noch zum Freund wurde. »Die Welt hat einen großen Champion verloren. Ich werde mich immer mit Respekt und Bewunderung an Joe erinnern«, sagt Ali am Ende über seinen härtesten Gegner.

Joe Frazier

GEBURTSNAME: Joseph William Frazier
KAMPFNAME: Smokin' Joe, Black Tank
GEBURTSTAG: 12. Januar 1944
GEBURTSORT: Beaufort, South Carolina (USA)
NATIONALITÄT: USA
WELTMEISTER IM SCHWERGEWICHT: 1968-1970 WBC; 1970-1973 WBC & WBA
TODESTAG: 7. November 2011
TODESORT: Philadelphia, Pennsylvania (USA)

KÄMPFE: 37
SIEGE: 32
K.-O.-SIEGE: 27
NIEDERLAGEN: 4
UNENTSCHIEDEN: 1

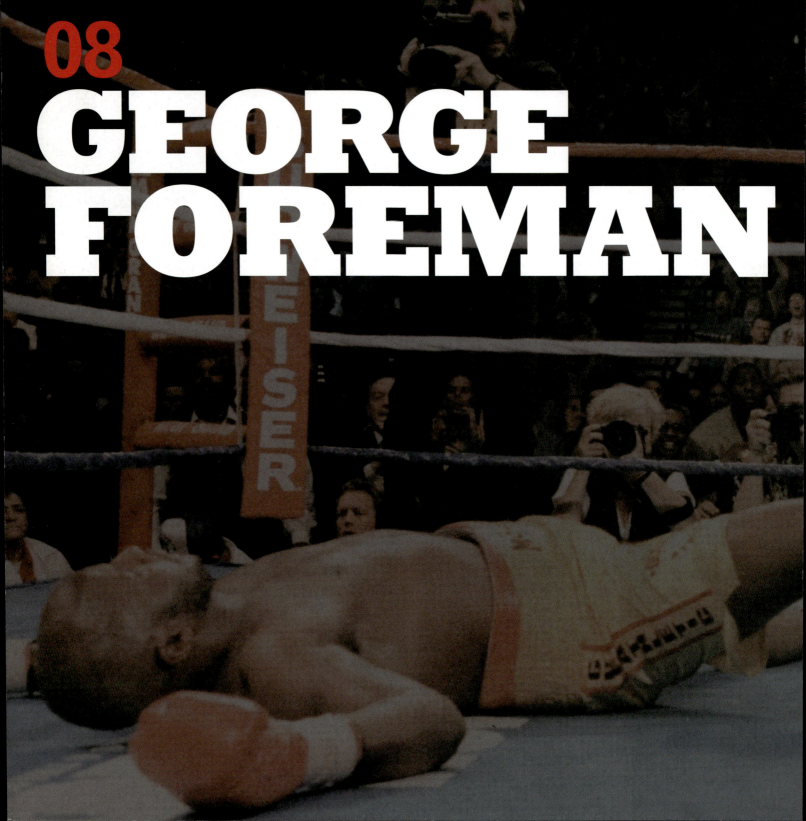

08
GEORGE FOREMAN

George Foreman (r.) wird von Ringrichter Joe Cortez abgedrängt, nachdem er Michael Moorer mit einer rechten Geraden zu Boden geschickt hat. 20 Jahre nachdem er den Titel in Kinshasa gegen Muhammad Ali verloren hatte, bezwingt der 45 Jahre alte Herausforderer aus Texas am 5. November 1994 in Las Vegas den Titelverteidiger durch K.o.

Der 19-jährige George Foreman gewinnt bei den Olympischen Spielen in Mexiko 1968 die Goldmedaille im Schwergewicht durch K.o. – und wedelt demonstrativ mit der US-amerikanischen Flagge.

Big George

George Foreman hat den Weltmeistertitel zweimal inne und verteidigt ihn zweimal erfolgreich. 1973 nimmt »Big George« Joe Frazier die Krone ab, um sie 1974 in Kinshasa gegen Ali wieder zu verlieren. 20 Jahre später vollbringt der 45-Jährige das Unglaubliche: Er wird noch einmal Schwergewichtsweltmeister – der älteste Champion aller Zeiten.

George Edward Foreman wird am 10. Januar 1949 in Marshall (Texas) geboren und wächst mit sechs Geschwistern in armen Verhältnissen in Houston auf. Der kleine George ist ein echter Fiesling, schüchtert andere Kinder gerne ein. Und was er gar nicht mag: früh aufstehen, um zur Schule zu gehen. Es ist dann auch nur eine Frage der Zeit, bis George die Highschool schmeißt und auf die schiefe Bahn gerät. In Houstons berüchtigtem 5. Stadtbezirk erwirbt er sich einen zweifelhaften Ruf als Streithahn und Straßenräuber. Doch der Junge hat Glück: Mit 17 rettet ihn »Job Corps«, ein Programm des von Lyndon B. Johnson ausgerufenen »Krieges gegen die Armut«, das Kindern aus den Ghettos kostenlosen Unterricht verschafft und ihnen hilft, einen Job zu finden. Es gelingt: Fortan arbeitet George als Zimmermann und Maurer. Er ist damals schon ein Hüne, 1,92 Meter groß, 99 Kilo schwer und vor Kraft strotzend – Nick »Doc« Broadus erkennt das Potenzial und rät Foreman, Boxer zu werden. Er folgt dem Rat, Broadus wird sein Trainer.

EIN STOLZER AMERIKANER

George Foreman bestreitet seine Amateurkämpfe mit einer Bilanz von 22 Siegen und vier Niederlagen. Im Alter von 19 Jahren nimmt er an den Olympischen Spielen 1968 in Mexiko teil, schafft im Finale einen K.-o.-Sieg gegen den sowjetischen Boxer Jonas Cepulis und gewinnt die Goldmedaille. In Mexiko macht er aber nicht nur durch seinen sportlichen Erfolg auf sich aufmerksam: Bei der Siegerehrung schwenkt er die US-amerikanische Flagge, während die afroamerikanischen Medaillengewinner Tommie Smith und John Carlos während der Siegerehrung zum 200-Meter-Lauf die mit einem schwarzen Handschuh bekleidete Faust erheben – eine Black-Power-Geste, mit der sie gegen den Rassismus in ihrem Heimatland protestieren. Foreman ist anders: Er ist stolz darauf, Amerikaner zu sein. Und das will er der Welt zeigen.

DOWN GOES FRAZIER

1969 wechselt George Foreman ins Profilager und bestreitet im Juni des Jahres in New York seinen ersten Profikampf. Dabei gelingt ihm in der 3. Runde ein Knockout gegen Donald Walheim. Dieser Sieg markiert den Beginn einer unglaublichen Erfolgsserie als Profiboxer. Foreman schlägt in den nächsten dreieinhalb Jahren jeden Gegner, darunter Chuck Wepner, Gregorio Peralta und George Chuvalo. Die meisten Gegner besiegt er binnen weniger Runden durch K.o. Mit einer

Mexiko, Olympische Spiele 1968: George Foreman landet einen rechten Haken am Kinn von Jonas Cepulis. Er besiegt den Russen und gewinnt die Goldmedaille.

makellosen Bilanz (32:0, 29 K.o.) ist er nun der unangefochtene Herausforderer des amtierenden Weltmeisters Joe Frazier.

Am 22. Januar 1973 kommt es in Kingston (Jamaika) zum Showdown. Trotz seiner grandiosen Siege gilt Foreman als 3:1-Außenseiter – die Erinnerung an Fraziers beeindruckenden Sieg gegen Muhammad Ali im Jahr 1971 ist noch zu frisch. Frazier sieht den Kampf als Routine und wird kalt erwischt. Schnell gerät der nicht austrainierte Champion in die Defensive. Foreman stürmt gnadenlos auf ihn ein. Seine Punches sind hammerhart. Und der legendäre »schwarze Panzer« gerät ins Wanken. Dann wird er vernichtet und von Foreman sechsmal auf die Matte geschickt. »Down goes Frazier! Down goes Frazier! Down goes Frazier!« schreit Kommentator Howard Cosell beim ersten Knockout fassungslos. George Foreman sagt später »Ich konnte es nicht glauben. Das war der bislang größte Moment meiner Boxkarriere.« Am Ende taumelt Joe Frazier wie benommen durch den Ring. Foreman hat ihm nicht nur den Titel genommen, er hat auch den Ruf eines Titanen zerstört.

Der neue Champion verteidigt seinen Titel problemlos. Den Puertoricaner José Roman schlägt er in Tokio schon nach 50 Sekunden k.o., und auch Ken Norton – ein wesentlich härterer Herausforderer – hat am 26. März 1974 in Caracas gegen Big Joe keine Chance: Dieser Job ist nach K.o. in Runde 2 erledigt – bemerkenswert, da Norton zuvor Muhammad Ali geschlagen hatte. Foreman ist und bleibt der unumstrittene Weltmeister.

»ES WAR NICHT MEINE NACHT«

1974 fordert ihn Muhammad Ali heraus. Als »Rumble in the Jungle« wird der am 30. Oktober 1974 in Kinshasa (Zaire) stattfindende Kampf vermarktet. Foreman ist in dieser Zeit auf dem Höhepunkt seiner Boxkarriere, strotzt vor Kraft und Selbstbewusstsein: ein ungeschlagener Champion, der seine Gegner frühzeitig ins Reich der Träume befördert. 40:0 lautet 1972 die makellose Kampfbilanz. Seine Schlagkraft ist legendär. Der Schriftsteller und Boxfan Norman Mailer beobachtet Foreman in Kinshasa beim Training am Sandsack und ist beeindruckt: »Kein anderer hat den Sack so geschlagen wie Foreman. Am Ende, nach etwa 15 Minuten, hat er eine Einwölbung in den Sack geprügelt, etwa so groß wie eine halbe Wassermelone.« Es hat wohl seinen Grund, dass Ali, der in der gleichen Halle trainiert, immer angestrengt in eine andere Richtung blickt, wenn Foreman den Sandsack foltert.

Dann zieht sich Foreman beim Training einen Cut über dem Auge zu. Der Kampf verzögert sich um einen Monat. Für Foreman ist die Verletzung ein Desaster, denn er kann nicht sparen – das Risiko, dass sich der Cut wieder öffnet, ist einfach zu groß. »Ich musste mich auf den Kampf vorbereiten, ohne boxen zu können. Das war das Beste, was Ali während unseres Aufenthaltes in Afrika passieren konnte«, so Foreman im Rückblick. Die Wochen vor dem Kampf werden für ihn zur Qual, denn er muss miterleben, wie Ali als Volksheld gefeiert wird. »Wir waren eifersüchtig auf ihn, weil ihn ein jeder mochte.

22. Januar 1973. Kingston, Jamaika. Weltmeister!

George Foreman schlägt Joe Frazier beim Titelkampf am 22. Januar 1973 in Kingston (Jamaika) in der 2. Runde k.o. Big Joe ist neuer Weltmeister.

US-Schwergewichtler **Ken Norton** fällt nach einem Schlag des Weltmeisters in die Ringseile, und der Ringrichter geht dazwischen. Im Weltmeisterschaftskampf am 26. März 1974 in Caracas (Venezuela) schlägt Foreman seinen Herausforderer in der 2. Runde dreimal nieder, ehe der Referee den Kampf stoppt. Der Fight war auf 15 Runden angesetzt.

Ich wollte ihn töten. Ich wollte seinen Kopf als Trophäe an der Wand«, erinnert sich Foreman. Doch alles kommt anders. Foreman verliert den historischen Kampf völlig überraschend durch Knockout in der 8. Runde. Er ist zum ersten Mal in seiner Boxkarriere am Boden. »Es war nicht meine Nacht«, so Foreman später.

VOM BOXER ZUM PRIESTER

Der geschlagene Champion ist schockiert. Die sportliche Niederlage ist auch ein psychologischer Tiefschlag. Das Selbstbewusstsein ist k.o., und es wird Jahre dauern, bis sich Foreman erholt und einen neuen Weg findet. 1975 nimmt er sich eine Auszeit, bestreitet lediglich einige Schaukämpfe – in einem dieser Fights am 26. April 1975 in Toronto besiegt er gleich fünf Gegner hintereinander. Im Januar 1976 dann das Comeback als Profi. Gegen Ron Lyle feiert Foreman einen spektakulären K.-o.-Sieg. Der Kampf – viele halten ihn für den besten des Jahres – ist eine blutige Schlacht. Foreman geht dabei selbst zweimal zu Boden. Am 15. Juni 1976 gewinnt er dann den Rückkampf gegen Frazier, erneut vorzeitig, diesmal jedoch erst in der 5. Runde.

Um einen Rückkampf gegen Ali zu erzwingen, hat er vor, gegen alle ehemaligen Gegner des »Größten« anzutreten. Doch der Plan misslingt: Am 17. März 1977 steht er in Puerto Rico gegen Jimmy Young im Ring, der Ali im Jahr zuvor nur knapp unterlag. Foreman verliert deutlich und muss in der letzten Runde sogar einen Niederschlag hinnehmen. Die Niederlage gegen Jimmy Young wird zur Wende im Leben von George Foreman. Später sagt er, Young habe den Teufel aus ihm herausgeprügelt. In der Umkleidekabine geht es Foreman schlecht. Er ist völlig erschöpft, fühlt sich dem Tod nahe und fleht Gott an. Der habe ihn dann wissen lassen, dass er sein Leben ändern solle. Nach dieser Grenzerfahrung beschließt Foreman, sein Leben fortan Gott und dem Christentum zu widmen. In den nächsten zehn Jahren trägt er keinen Boxkampf mehr aus. Stattdessen wird er Priester in der »Apostolic Church of the Lord Jesus Christ« in Houston. 1984 gründet er das »George Foreman Youth and Community Center«, das Kindern in Not eine neue Perspektive gibt: So wie ihm in seiner Jugend geholfen wurde, so hilft er nun anderen. Foreman spendet der sozialen Einrichtung einen Großteil seines Vermögens, und als sein Center in finanzielle Schwierigkeiten gerät, steigt der 38-Jährige 1987 völlig überraschend wieder in den Ring, um die Finanzlöcher zu stopfen. Aber er will nicht nur Gutes tun, sondern auch zeigen, dass man selbst im »hohen Alter« sportlich erfolgreich sein kann – und so wird jeder seiner Siege für ihn zu einem moralischen Sieg.

SIEGER DER HERZEN

Über 120 Kilogramm schwer und auseinandergegangen wie ein Pudding, beginnt der ehemalige Champion sein Comeback mit einer Reihe von Aufbaukämpfen – und jeder dieser Fights macht ihn fitter und stärker. Foreman ist immer noch ein begnadeter Boxer. Erstaunlicherweise zeigt er sogar mehr Durchhaltevermögen als früher und kann jetzt locker über 12 Runden gehen.

30. Oktober 1974. Kinshasa. »Rumble in the Jungle.«

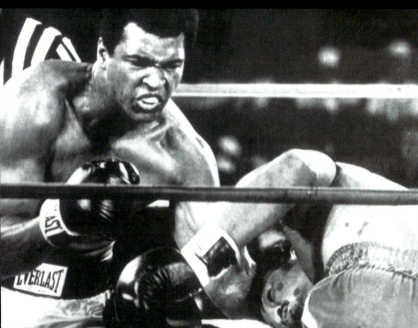

6. Runde: **Muhammad Ali** fixiert von den Seilen aus den in der Mitte des Ringes stehenden und schon etwas geschwächt wirkenden George Foreman.

Muhammad Ali lässt sich von **George Foreman** immer wieder in die Seile drängen.

Muhammad Ali schlägt George Foreman in der 8. Runde k.o. Alis Fäuste zucken. Er überlegt, sicherheitshalber noch einen Kopftreffer zu landen, unterlässt dies aber, um dem »Fall dieses Kolosses mit dem unterlassenen Schlag seine dramaturgische Schönheit« nicht zu nehmen – so Alis Trainer Angelo Dundee.

Wieder hat Herausforderer **Axel Schulz** (r.) mit seiner Rechten einen Kopftreffer bei Titelverteidiger George Foreman landen können, während dessen Linke ihr Ziel verfehlt. Im Kampf um den Weltmeistertitel im Schwergewichtsboxen der International Boxing Federation (IBF) zeigt der 26-jährige Profi aus Frankfurt/Oder am 22. April 1995 im MGM-Hotel von Las Vegas gegen den 20 Jahre älteren Amerikaner eine grandiose Leistung und hat nach Meinung vieler Experten das Duell auch knapp für sich entschieden. Doch zwei der drei amerikanischen Punktrichter sehen den Champion vorne, einer votiert für Remis. Zu einer Revanche lässt es Foreman nicht kommen.

Foreman besiegt seine ersten 18 Gegner vorzeitig, darunter Gerry Cooney und Bert Cooper. Eigentlich soll es nun gegen Weltmeister Mike Tyson gehen, doch der hat seinen Titel unerwartet an James Douglas verloren, der ihn später wiederum an Evander Holyfield weiterreicht. Gegen diesen steht George Foreman schließlich am 19. April 1991 im langersehnten Titelkampf wieder im Ring. Er ist 42 Jahre alt, und der 13 Jahre jüngere Evander Holyfield zeigt sich in blendender Form: Foreman verliert den Kampf, geht gegen den Champion aber über die volle Distanz – und verlässt den Ring als Sieger der Herzen.

CHAMPION MIT 45 JAHREN

Ein Jahr später boxt Foreman Alex Stewart und erzielt einen knappen Punktsieg. 1993 kämpft er dann um den neuen WBO-Titel gegen Tommy Morrison, der ihn nach Punkten besiegt. Am 5. November 1994 erhält George Foreman eine weitere Titelchance. In Las Vegas geht es gegen den neuen Champion Michael Moorer, der zuvor Holyfield bezwungen hatte. Foreman, der in diesem Kampf die gleichen Shorts trägt wie bei seinem Titelverlust gegen Ali vor 20 Jahren, gerät dabei schwer unter Druck. Dann die 10. Runde: »Du liegst hinten. Du musst den Jungen jetzt niederschlagen«, hört er noch, aus der Ecke kommend – und dann gelingt ihm tatsächlich der »Lucky Punch«: Eine perfekte rechte Gerade landet genau an Moorers Kinn: K. o.! Foreman hat das Unmögliche geschafft. Er geht in seine Ecke, kniet nieder und betet. Er ist wieder Champion – mehr als das: Mit 45 Jahren ist er der älteste Schwergewichtsweltmeister aller Zeiten. Er hat es tatsächlich geschafft, den Titel zum zweiten Mal zu erkämpfen, wobei seit dem ersten Gewinn der Schwergewichtskrone 20 Jahre vergangen sind – auch das hat es in der Geschichte des Boxens noch nie gegeben.

»ER WAR UNHEIMLICH SCHNELL ALS CHAMPION. ER WAR SO SCHNELL, DASS ER DAS LICHT LÖSCHTE UND IM BETT WAR, BEVOR ES IM SCHLAFZIMMER DUNKEL WURDE.« George Foreman über Muhammad Ali

Foreman gehören nun die Gürtel der WBA und IBF. Und er beginnt, über einen Kampf gegen Mike Tyson nachzudenken, doch die WBA meint, es müsse erst gegen Tony Tucker gehen. Foreman weigert sich, und so erkennt ihm die WBA den Titel ab. Später ist er auch seinen IBF-Titel los, weil er einen Rückkampf gegen Axel Schulz verweigert, gegen den er seinen Titel am 22. April 1995 in einem umstrittenen Punktsieg verteidigt. Egal! Forman boxt weiter, weil es ihm einfach Spaß macht. Er besiegt Crawford Grimsley und Lou Savarese, verkündet allerdings nach einer Punktniederlage gegen den 25-jährigen Shannon Briggs in Atlantic City am 22. November 1997 seinen endgültigen Rückzug von der Bühne des Boxsports. 1999 ist zwar noch ein »Geburtstagskampf« des 50-jährigen Foreman gegen Larry Holmes angesetzt, doch die Verhandlungen scheitern. Für seinen 56. Geburtstag im Jahre 2005 kündigt Foreman abermals ein Comeback an, aber auch dazu kommt es nicht – seine Frau legt Einspruch ein.

SANFTER RIESE

Unterdessen hat sich der grimmige Kämpfer mit Bart und Afro-Look längst zum sanften Riesen mit Vollglatze gewandelt. Er ist nun ein erfolgreicher Unternehmer, wirbt im Fernsehen mit freundlichem Humor und großem Erfolg für »George Foreman's Lean Mean Fat Reducing Grilling Machine«: Über 100 Millionen dieser Elektro-Grills werden verkauft. Und Foreman, der immer eine große Vorliebe für Hamburger hatte, verdient mit den Commercials ein Vermögen. Er veröffentlicht seine Autobiographie »Smokin' Joe« und verbringt die Freizeit auf seiner Ranch in Marshall. George Foreman hat zehn Kinder, wobei jeder seiner fünf Söhne den Namen George trägt: George Jr., George III, George IV, George V und George VI. Seine Töchter will er eigentlich auch »George« nennen, entscheidet sich dann aber anders. Sie heißen Michi, Freeda George, Georgetta, Natalie und Leola. 2009 adoptiert George Foreman Isabella Brandie Leelja. Sein zweiter Sohn (George III) beginnt 2009 übrigens selbst eine Karriere als Profiboxer.
Später versöhnt sich George Foreman mit Muhammad Ali. Sie seien jetzt gute Freunde. Allerdings würde er Ali nicht zum Angeln mitnehmen: »Mit seinem unentwegten Reden würde er die Fische vergraulen.«

George Foreman

GEBURTSNAME: George Edward Foreman
KAMPFNAME: Big George
GEBURTSTAG: 10. Januar 1949
GEBURTSORT: Marshall, Texas (USA)
NATIONALITÄT: USA
WELTMEISTER IM SCHWERGEWICHT: 1973-1974 WBA&WBC, 1994-1995 IBF & WBA

KÄMPFE: 81
SIEGE: 76
K.-O.-SIEGE: 68
NIEDERLAGEN: 5

09
MIKE TYSON

Mike Tyson **101**

Mike Tyson im Skandal-Kampf gegen Evander Holyfield am 28. Juni 1997. Es ist der berühmte Fight, in dem Tyson seinem Gegner ein Stück vom Ohr abbeißt.

»The Baddest Man on the planet«

Mike Tyson ist der »Bad Boy« unter den Schwergewichtsweltmeistern. Sein furchterregendes Auftreten im Ring lässt seine Gegner schon vor dem ersten Gongschlag erzittern. Bereits im Alter von 20 Jahren wird er 1986 Champion – und ist damit der jüngste Schwergewichtsweltmeister aller Klassen. Zudem ist Mike Tyson der erste Champion, der den Gürtel aller drei Weltverbände WBC, WBA und IBF trägt. Und wie so viele Boxer kämpft er sich von der Straße nach oben. Er schafft es an die Spitze, erlebt aber auch die Schattenseiten des Ruhms.

»Ein harter und sehr grausamer Ort. Man tötete oder wurde getötet«, erinnert sich Mike Tyson an die Gegend, in der er aufwuchs. Gemeint ist Brownsville, ein verruchtes Viertel in Brooklyn, New York City. Am 30. Juni 1966 wird Michael Gerard Tyson als jüngstes von drei Kindern geboren. Die Eltern sind arm – und zerstritten. Als Mike zwei Jahre alt ist, lässt der Vater seine Familie im Stich. Mike hat es nicht einfach. Klein, dick und schüchtern, wird er von Altersgenossen schikaniert. Als man ihm auf dem Weg zur Schule das Kleingeld klaut, wehrt er sich nicht einmal. Er hat Angst, zieht sich in seine eigene Welt zurück und widmet sich der Taubenzucht. Als ein älterer Junge vor seinen Augen einer seiner geliebten Tauben den Hals umdreht, nimmt er sich jedoch ein Herz, schlägt ihn zusammen und verschafft sich damit den Respekt der Straße.

Mike findet Anschluss an eine Gang, Prügeleien und Raubüberfälle sind an der Tagesordnung. Es kommt, wie es kommen muss: Erst zwölf Jahre alt, wird Mike wegen einer Reihe krimineller Delikte in die Jugendstrafanstalt Spofford eingewiesen. Das ist ein Schock, aber als er dort die meisten seiner Freunde wiedertrifft, ist er erleichtert »Es war wie ein Klassentreffen«, erinnert sich Tyson. Der Junge ist regelmäßig »zu Gast« in Spofford, bis man ihn schließlich in eine Schule für schwer erziehbare Kinder im Bundesstaat New York abschiebt. Und das soll sich als glückliche Fügung erweisen, denn dort erhalten die Jungs Sportunterricht von Bobby Stewart, einem ehemaligen Profiboxer. Er ist es, der Tysons Talent erstmals entdeckt und ihm die Grundlagen des Boxens beibringt. Durch Stewart gerät Mike auch in die richtigen Hände: Er schickt ihn zu Cus D'Amato, einem begnadeten Boxtrainer, der seinerzeit Floyd Patterson zum Champion gemacht hatte. Cus D'Amato hält Mike von der schiefen Bahn fern. Er schützt ihn vor sich selbst, stärkt sein Selbstvertrauen und hilft ihm, zu sich selbst zu finden. »Du kannst Weltmeister werden. Du musst nur daran glauben«, sagt er zu Mike, den er aufnimmt, ohne große Fragen zu stellen. Fortan lebt der Junge in einer schmucken viktorianischen Villa, in der Cus D'Amato und seine Lebensgefährtin wohnen. Das Haus hat 14 Zimmer, in denen neben Tyson noch andere Boxer untergebracht sind. Mike glaubt zu träumen. Er ist in eine andere Welt geraten, eine Welt ohne Gewalt und

Bandenkrieg. Der Straßenjunge ist anfangs skeptisch und irritiert, schöpft jedoch schon bald Vertrauen. Cus D'Amato gibt ihm Halt, wird zum Ersatzvater und nach dem frühen Tod von Mikes Mutter tatsächlich dessen Vormund. Mike kann sein Glück kaum fassen. Er blüht auf, trainiert hart, übt Disziplin und studiert Boxfilme, bis er jede Bewegung seiner Boxhelden in- und auswendig kennt. Durch Cus D'Amato wird aus dem Straßenjungen ein anderer Mensch. Und der widmet sein Leben nun vollends dem Boxen. Trainer wird zunächst Teddy Atlas, später Kevin Rooney. Als Manager und Sponsoren des jungen Talents kann Cus D'Amato seine wohlhabenden Freunde Jim Jacobs und Bill Clayton gewinnen.

»DAS IST NUN MAL MEIN STIL«

Seinen ersten Fight gewinnt Mike Tyson durch K.o. in der 3. Runde. Auch die anderen Amateurkämpfe (es sollen 200 gewesen sein) beendet er meist vorzeitig – eines seiner Opfer knockt er bereits nach acht Sekunden aus. 1984 gewinnt Tyson das Golden-Gloves-Turnier, scheitert jedoch bei der Qualifikation zu den Olympischen Spielen, die im gleichen Jahr in Los Angeles stattfinden, durch zwei Niederlagen gegen Henry Tillman, den späteren Olympiasieger – im Juni 1990 wird sich Tyson mit einem K.-o.-Sieg in der 1. Runde an Tillman rächen.

1985 wechselt Mike Tyson mit 18 Jahren ins Profilager und steigt in Windeseile auf. Von März 1985 bis September 1986 bestreitet er 27 Kämpfe, von denen er 15 schon in der 1. Runde für sich entscheidet. Der junge Wilde – dem die Medien den Beinamen »Kid Dynamite« verpassen – erwirbt sich einen furchteinflößenden Ruf als gnadenloser Terminator. Da gibt es nach dem ersten Gongschlag kein Zaudern und Abwarten. Nein, Tyson geht direkt auf den Gegner los, um ihn möglichst schnell und brutal zu zerstören, was ihm auch meistens gelingt. Ausgestattet mit explosiver Schlagkraft, unglaublicher Schnelligkeit und 100 Kilo Kampfmasse, setzt Tyson alles auf Angriff und überfällt seine ums pure Überleben kämpfenden Kontrahenten mit blitzschnellen Kombinationen und hammerharten Salven. Überdies beherrscht er wie sein Idol Muhammad Ali auch die psychologische Kriegsführung. Um seine Gegner schon vor dem Kampf einzuschüchtern, läuft Tyson wie ein Gladiator in den Ring ein, nur mit schwarzer Hose und Schuhen bekleidet.

Vor dem ersten Gong nimmt er seine Gegner wie ein Raubtier ins Visier, lässt sie keine Sekunde aus den Augen und sieht, wie dem Gegenüber das Herz in die Hose rutscht – oft ist der Kampf allein durch solche Spielchen und Tysons bloße physische Präsenz bereits vor dem ersten Schlagabtausch entschieden. Was folgt, ist der Gang zur Schlachtbank. Auch markige Sprüche dienen dazu, den Kampfwillen seiner Kontrahenten im Vorfeld des Fights zu brechen. Mike Tyson spielt allerdings nicht nur mit dem Image des »Bad Boy« – er lebt es auch: Skandale um Sexaffären, Drogen und Alkohol werden immer wieder Chaos in sein Privatleben bringen. Aber das ist Mike Tyson – ein extremer Mensch, im Boxring und außerhalb. »Ich weiß, ich bin ein Arschloch, aber das ist nun mal mein Stil«, so Mike Tyson über Mike Tyson.

EIN JUNGE ALS CHAMPION

Am 22. November 1986 erhält Mike Tyson als Herausforderer von Trevor Berbick im Kampf um den Weltmeistertitel seine erste große Chance. Zur Erinnerung: Sein Gegner war es, der Muhammad Ali am 11. Dezember 1981 in Nassau im »Drama in Bahama« besiegt hatte – es war Alis letzter Kampf und ein entwürdigendes Schauspiel. Jetzt, fünf Jahre nach seiner bitteren Niederlage, klettert der »Größte« in den Ring und sagt zu Tyson: »Besiege ihn für mich«!

Und Tyson muss sich das nicht zweimal sagen lassen. Er will nicht nur sein Idol rächen, er braucht diesen Sieg, damit man ihn ernst nimmt, denn bislang stand er nur gegen namenlose Gegner im Ring. Zwei Runden prügelt er erbarmungslos auf den WBC-Champion ein. Dann ein linker Haken: Berbick taumelt, versucht hochzukommen, doch die Beine gehorchen nicht. Er fällt in die Seile, will weiterkämpfen, aber es ist aus. Mike Tyson ist Champion. Er ist 20 Jahre alt – der jüngste Weltmeister der Boxgeschichte. Und das ist erst der Beginn eines unglaublichen Aufstiegs. Cus D'Amato kann den Riesenerfolg seines Schützlings leider nicht mehr miterleben. Er ist ein Jahr zuvor gestorben, ein Schicksalsschlag, der drohte, Tyson aus der Bahn zu werfen. »Ich wusste nicht mehr, wie es weitergehen sollte«, so Tyson im Rückblick. Cus D'Amato hatte ihm Halt gegeben. Jetzt fehlte die einzige Person, die fähig war, den wilden Jungen zu führen.

Der Sieg über James »Bonecrusher« Smith am 7. März

Mike Tyson besiegt am 22. November 1986 den bisherigen WBC-Weltmeister **Trevor Berbick** durch Technischen K.o. in der 2. Runde.

Cus D'Amato, Mike Tysons Trainer und Ersatzvater.

1987 bringt Mike Tyson den WBA-Gürtel, und nachdem er am 1. August 1987 in Las Vegas auch Tony Tucker niedergerungen hat, gehört ihm auch der IBF-Titel. Er besitzt nun die Weltmeistertitel der drei großen Boxverbände und ist »Undisputed Heavyweight Champion of the World«. Mike Tyson ist zu diesem Zeitpunkt erst 21 Jahre alt, und die Fachwelt prophezeit, dass dies nur der Beginn einer jahrelangen Regentschaft sein wird: Keiner ist in Sicht, der »Iron Mike« ernsthaft gefährlich werden könnte – außer ihm selbst.

22 MILLIONEN FÜR EINEN KAMPF

Am 16. Oktober 1987 verteidigt Tyson seine Titel gegen Tyrell Biggs, und am 22. Januar 1988 zeigt er dem ehemaligen Weltmeister Larry Holmes, der gegen Tyson mit 38 Jahren ein Comeback versucht, seine Grenzen auf. Von anderem Kaliber ist da schon Michael Spinks, der Bruder von Leon Spinks. Dem ehemaligen Champion war der IBF-Gürtel abgenommen worden, weil er sich geweigert hatte, gegen Pflichtherausforderer Tony Tucker anzutreten, der den Titel danach gewann, später allerdings wieder an Tyson abgeben musste. Jetzt will sich Spinks seinen Weltmeistergürtel von Tyson zurückholen – und er ist der Einzige, dem man das auch zutraut. Nachdem sich Tyson am 21. März 1988 in Tokio im Titelkampf gegen Tony Tubbs aufgewärmt hat (K.-o.-Sieg in Runde 2), kommt es am 27. Juni 1988 zu dem mit Spannung erwarteten Showdown. Mike Tyson beantwortet alle Spekulationen auf seine Weise: Er schlägt Michael Spinks nach 91 Sekunden k.o. Für den Kampf kassiert Tyson 22 Millionen Dollar – die höchste Börse, die bis dahin im Boxsport gezahlt wurde.

TYSON WIRD ANGREIFBAR

Nach dem Sieg gegen Michael Spinks ändert sich einiges im Leben von Mike Tyson. So trennt er sich von Manager Bill Cayton (Jim Jacobs war zwischenzeitlich verstorben) und begibt sich in die Hände von Don King. Als sein Trainer Kevin Rooney dies kritisiert, gibt er auch diesem den Laufpass. Nachfolger wird Aaron Snowell, der das Training verändert und damit kein glückliches Händchen beweist. Tysons Boxtechnik lässt fortan zu wünschen übrig. Er wird angreifbar, was sich erstmals am 25. Februar 1989 im Fight gegen Frank Bruno zeigt: Obwohl Tyson den Kampf in der 5. Runde für sich entscheidet, macht ihm der Brite, der mächtige Punches platzieren kann, schwer zu schaffen. Aber auch außerhalb des Rings läuft es für den Champion nicht nach Plan. Tyson macht durch Autounfälle und Schlägereien von sich reden, schließlich geht auch seine Ehe mit Schauspielerin Robin Givens in die Brüche.

Trotz all dieser ungünstigen Entwicklungen gilt Tyson im Ring nach wie vor als unbesiegbar. Und obwohl er wenig trainiert hat, macht er sich keine Sorgen, als er am 10. Februar 1990 in Tokio seinen Titel gegen James »Buster« Douglas verteidigen will. Die Wetten stehen 42:1 für ihn. Und der Champion nimmt seinen Gegner nicht ernst. Dann geschieht das Undenkbare: Douglas macht im Ring eine gute Figur und erlebt die Sternstunde seiner Karriere. Tyson schlägt ihn zwar Sekunden vor Ende der 8. Runde nieder, doch da Ringrichter Octavio Meyran nicht der Schnellste im Zählen ist, wird Douglas durch den Gong gerettet. Der Herausforderer erholt sich und kommt mit Macht zurück. Bald hängt Tyson in den Seilen, und eine Runde später geht er k.o.

Die Zuschauer halten den Atem an, als sie miterleben, wie der als unbesiegbar geltende Titan orientierungslos über die Matte kriecht und nach seinem herausgeflogenen Mundschutz sucht. Wieder lässt sich der Ringrichter beim Zählen viel Zeit, doch der Champion ist auch bei »10« noch im Nirwana. Die Sensation ist perfekt: Tyson hat den Titel verloren. Und mit seinen 23 Jahren muss er sich in diesem Moment gefühlt haben wie ein alternder Champion.

HINTER GITTERN

Douglas' Sieg erweist sich als Eintagsfliege. Schon bei seiner ersten Titelverteidigung im Oktober 1990 muss er den Titel an Evander Holyfield abgeben. Unterdessen fängt sich Tyson wieder, besiegt Henry Tillman, Alex Stewart und Donovan »Razor« Ruddock. Damit ist der Weg für einen Titelkampf gegen Evander Holyfield geebnet. Der Fight wird für November 1991 angesetzt, muss aber verschoben werden, da sich Tyson beim Training eine Rippe bricht. Der neue Termin wird ins Frühjahr 1992 gelegt – doch auch daraus soll nichts werden: Bevor es zum Kampf der Giganten kommt, zeigt Desiree Washington, Kandidatin für die Wahl zur »Miss Black America«, Mike Tyson wegen Vergewaltigung an. Der Boxer wird zu einer zehnjährigen Haftstrafe verurteilt, von der drei Jahre zur Bewährung ausgesetzt werden. Für Mike Tyson folgt nun die schlimmste Zeit seines Lebens. Er hat alles verloren, steht vor dem Nichts. Hinter Gittern konvertiert er zum Islam, und als er am 25. März 1995 nach drei Jahren wegen guter Führung vorzeitig entlassen wird, führt sein erster Weg in eine Moschee, wo er mit 200 anderen Gläubigen – darunter Muhammad Ali – betet. Das Gefängnis hat Mike Tyson verändert. Er scheint geläutert und ist um einen Imagewandel bemüht.

Die Medien sind euphorisch. Alle haben der Entlassung entgegengefiebert, denn in einer Zeit, in der das Schwergewichtsboxen durch die konkurrierenden Weltverbände (nach Gründung der WBO 1988 sind es vier) für den Laien schwer durchschaubar und mithin unattraktiv geworden ist, sieht man in Tyson den Heilsbringer, der mit einem Schlag alle Titel abräumen und das Schwergewichtsboxen aus dem Sumpf ziehen könnte.

COMEBACK UND SKANDAL

Mike Tyson enttäuscht seine Anhänger nicht, kündigt seine Rückkehr in den Boxring an und verpflichtet Don King abermals als Manager. Ohne Umwege begibt sich der ehemalige Champion auf die Gewinnerstraße. Nach vier Jahren Ringabstinenz tritt er am 19. August 1995 in Las Vegas gegen Peter McNeeley an und schlägt ihn in der 1. Runde k.o. Am 16. März 1996 holt er in seinem zweiten Kampf gegen Weltmeister Frank Bruno den WBC-Gürtel zurück und kassiert eine sagenhafte

Das war's: Ringrichter Octavio Meyran zählt den am Boden knieenden Mike Tyson an. Der Champion geht im Kampf gegen seinen Herausforderer James »Buster« Douglas am 10. Februar 1990 in Tokio k.o. Damit ist er seinen Titel los.

Comeback

Fünf Monate nach seiner Entlassung aus dem Gefängnis und nach vier Jahren Ringabstinenz steigt Mike Tyson am 19. August 1995 wieder in den Ring und feiert gegen »Lachnummer« Peter McNeeley ein Comeback. Hier setzt Tyson in 1. Runde zum finalen Knockout-Schlag an. Nach 89 Sekunden hat er gewonnen – jede Sekunde bringt ihm 280.898 Dollar ein.

Mike Tyson schlägt Bruce Seldon im WBA-Fight am 7. September 1996 in der ersten Runde k.o.

Mike Tyson gewinnt am 16. März 1996 auch den WBC-Weltmeisterschaftskampf gegen den Briten Frank Bruno in der 3. Runde durch Technischen K.o.

Während der 7. Runde des Hinkampfes umklammern sich Evander Holyfield und Mike Tyson, an dessen linker Gesichtshälfte Blut herunterrinnt.

9. November 1996. Holyfield I.

Mike Tyson kassiert eine schwere Rechte von Evander Holyfield.

28. Juni 1997. Holyfield II.

Evander Holyfield verzieht am 28. Juni 1997 in Las Vegas das Gesicht, nachdem ihn Mike Tyson ins Ohr gebissen hat. Ringrichter Mills Lane unterbricht in diesem Moment den Kampf.

Blut rinnt über Arm und Oberkörper von Evander Holyfield, und der Ringarzt schaut sich die Bisswunde am Ohr an.

8. Juni 2002. Memphis, Tennessee. Lennox Lewis.

Das Ende: Mike Tyson wird vom Ringrichter ausgezählt.

So zärtlich kann der »Bad Boy« sein. Nach dem Kampf wischt er Lennox Lewis vorsichtig Blut von der Wange.

»ICH LIEBE ES ZU KÄMPFEN.« Mike Tyson

Kampfbörse von 30 Millionen Dollar. Nächstes Opfer ist WBA-Champion Bruce Seldon, den er am 7. September 1996 nach nicht einmal zwei Minuten erledigt.

Am 9. November 1996 kommt es schließlich – mit fünf Jahren Verspätung – im MGM Grand Garden in Las Vegas zum alles entscheidenden Kampf gegen Evander Holyfield. Die Wetten stehen 22:1 für Tyson, doch Holyfield gibt eine beeindruckende Vorstellung. Nach und nach übernimmt er das Kommando im Ring, und in Runde 11 ist es aus. Holyfield prügelt auf Tyson ein, der nur noch benebelt durch den Ring taumelt, bis Ringrichter Mitch Halpern ein Einsehen hat und den Kampf abbricht. Randnote: Im Verlauf des Fights erleidet Tyson mehrere vermeintlich versehentliche Kopfstöße, die ihm schwer zu schaffen machen.

Am 28. Juni 1997 folgt in Las Vegas der skandalöse Rückkampf. In Runde 1 wird Tyson wie beim Hinkampf von einem Kopfstoß getroffen. Das Gleiche wiederholt sich in Runde 2 und bringt ihm auch noch einen schweren Cut ein. Hilflos blickt Tyson zum Schiedsrichter, doch der lässt den Kampf weiterlaufen. In Runde 3 verliert der frustrierte Tyson die Selbstbeherrschung. Er beißt Holyfield ins Ohr, kommt aber mit einer Verwarnung davon. Dann beißt er ein zweites Mal zu, jetzt bricht der Schiedsrichter den Kampf ab. Der Ring füllt sich mit wild gestikulierenden Menschen. Darunter der disqualifizierte und vor Wut schäumende Tyson, der versucht, sich durch die Menschenmenge einen Weg zu Holyfield zu bahnen – was glücklicherweise verhindert werden kann. Es ist das absolute Chaos. Und was bringt es Tyson? Er muss drei Millionen Dollar Strafe zahlen. Außerdem wird ihm die Boxlizenz auf unbestimmte Zeit entzogen. Sein guter Ruf als Boxer ist dahin. Er ist nun für alle »The Baddest Man on the Planet«.

DAS LETZTE KAPITEL

Nach Aufhebung der Sperre kehrt Tyson nach 19-monatiger Abwesenheit in den Ring zurück. Zuerst besiegt er am 16. Januar 1999 den Südafrikaner Francois Botha. Nach weiteren privaten Problemen (u.a. eine viermonatige Haftstrafe wegen Körperverletzung) und mehreren Kämpfen in Europa erhält Tyson am 8. Juni 2002 schließlich eine Chance auf das ganz große Comeback. Es geht gegen Lennox Lewis, der durch seinen Sieg über Holyfield mittlerweile im Besitz der Titel aller drei Weltverbände ist. Lewis gewinnt allerdings, und Tyson sagt nach dem Kampf, dass es ihm nur ums Geld gegangen sei – was wohl auch sein Hauptmotiv für die noch folgenden Kämpfe sein wird. Und das ist einfach unfassbar: Der Mann, der in seiner Karriere so viel wie kein anderer Boxer verdient (schätzungsweise 300 Millionen Dollar), ist bankrott und kämpft nur noch, um seine Gläubiger zu bezahlen.

Zu seinem letzten Fight steigt Mike Tyson, nunmehr 38 Jahre alt, am 11. Juni 2005 in Washington gegen den irischen Boxer Kevin McBride in den Ring. Am Ende der 6. Runde geht Tyson zu Boden, hat dann Schwierigkeiten, wieder auf die Beine zu kommen, und schleppt sich nach dem Gong nur mit Mühe in seine Ecke. Zur 7. Runde tritt er nicht mehr an – und kündigt noch im Ring seinen Rücktritt vom Boxsport an. Mike Tyson ist müde.

Mike Tyson

GEBURTSNAME: Michael Gerard Tyson
KAMPFNAME: Iron Mike, Kid Dynamite
GEBURTSTAG: 30. Juni 1966
GEBURTSORT: Brooklyn, New York (USA)
NATIONALITÄT: USA
WELTMEISTER IM SCHWERGEWICHT: 1986 WBC; 1987-1990 IBF, WBA & WBC; 1996 WBC & WBA

KÄMPFE: 58
SIEGE: 50
K.-O.-SIEGE: 44
NIEDERLAGEN: 6
KEINE WERTUNG: 2

TIPP: »Tyson. Der Mann. Das Mythos. Die Wahrheit« heißt ein Film von James Toback. Eine faszinierende Dokumentation, die von Iron Mike eindrucksvoll kommentiert wird.

Am 11. Juni 2005 boxt Mike Tyson Kevin McBride. Nach einem Niederschlag am Ende der 6. Runde schleppt er sich in die Ecke, setzt sich auf den Hocker und tritt zur 7. Runde nicht mehr an. Nach der Niederlage erklärt Tyson seine 20-jährige Karriere für beendet.

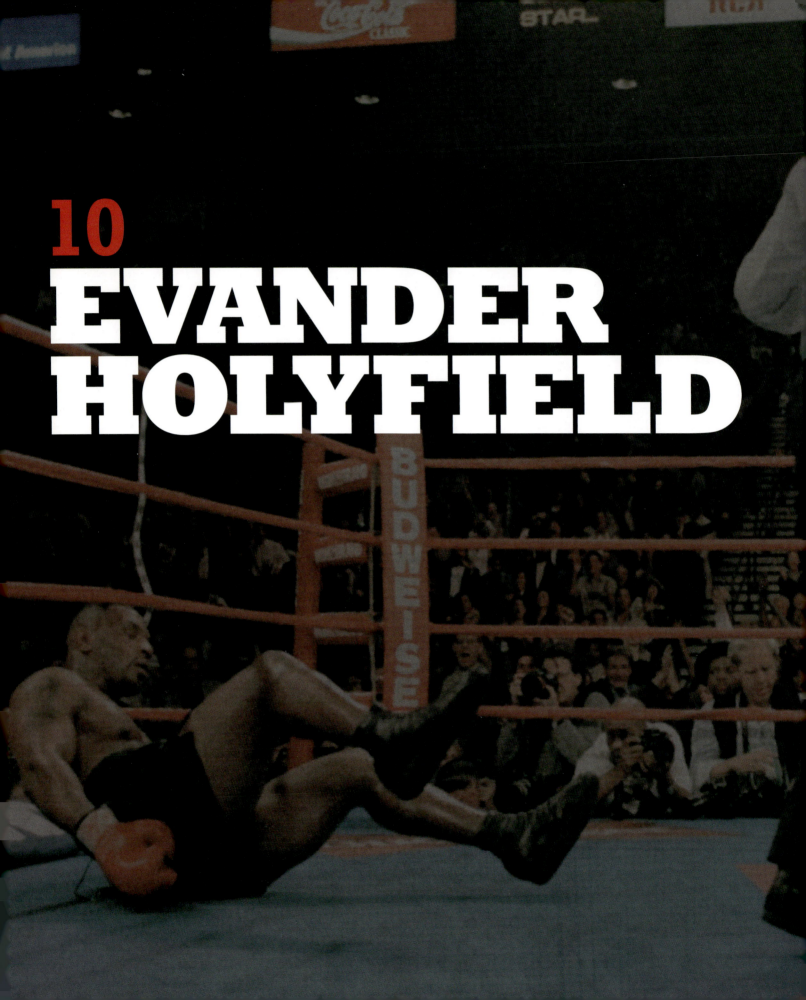

10
EVANDER HOLYFIELD

Evander Holyfield 113

Während der 6. Runde des Profi-Box-Wettkampfs um den WBA-Weltmeistertitel im Schwergewicht am 9. November 1996 geht **Mike Tyson** im MGM Grand Garden in Las Vegas zu Boden. Evander Holyfield wird von Ringrichter Mitch Halpern abgedrängt. »Iron Mike« kommt zwar noch einmal auf die Beine, muss sich Herausforderer Holyfield in Runde 11 aber geschlagen geben. Holyfield gelingt es damit als einzigem Boxer nach Muhammad Ali, zum dritten Mal (nach 1990 und 1993) Schwergewichtschampion zu werden.

Auf dem Gipfel: Evander Holyfield nach dem gewonnenen Titelkampf gegen Mike Tyson am 9. November 1996 in Las Vegas.

Der einzig Wahre

Evander Holyfield beginnt als Achtjähriger zu boxen. Und noch heute, mit über 50 Jahren, ist der Boxsport seine Passion. In einer unvergleichlichen Karriere erlebt er alle Höhen und Tiefen, die das Boxen zu bieten hat – und wird zur Legende. Als einziger Schwergewichtler hat er es geschafft, viermal einen Weltmeistertitel zu gewinnen. Zudem steht Evander Holyfield an der Spitze all derer, die aus unteren Gewichtsklassen ihr Glück im Schwergewichtsboxen versuchen, wo größerer Ruhm und astronomische Kampfbörsen in Aussicht stehen.

BOXER MIT ACHT JAHREN

Evander Holyfield wird am 19. Oktober 1962 in Atmore (Alabama) als jüngstes von neun Kindern geboren. Bezugsperson ist die Mutter: Annie Laura hat einen eisernen Willen, bringt ihren Kindern bei, wie man verantwortungsvoll lebt und Hürden überwindet, mit denen Schwarze im Süden der USA seinerzeit konfrontiert sind. Als Evander vier Jahre alt ist, zieht die Familie nach Atlanta. Zuerst fühlt sich der kleine Junge in der großen und gewalttätigen Stadt gar nicht wohl, doch bald entdeckt er im »Warren Memorial Boys Club« eine Welt für sich: Dort kann man American Football, Baseball und Tischtennis spielen, Schwimmen, Musik hören und mit coolen Typen abhängen. Und dann gibt es da noch diesen geheimnisvollen Bereich, der ihn schon immer neugierig gemacht hat: Dies ist das Reich von Carter Morgan, der hier einige Boxer trainiert. Der Mann sagt nicht viel, doch wenn er im ruhigen Flüsterton seine Tipps und Anweisungen gibt, kann er sich der konzentrierten Aufmerksamkeit seiner Schützlinge sicher sein. Evander wird magisch angezogen und fragt nach, ob er denn mittrainieren könne, aber Morgan nimmt ihn gar nicht ernst. Doch der Kleine kommt ans Ziel. Acht Jahre alt und 32 Kilo leicht, beginnt der Pimpf mit dem Boxen. Morgan trainiert und inspiriert Evander, bringt ihm die Grundlagen des Boxens bei und wird für den Jungen zur Vaterfigur. Schnell zeichnet sich ab, was für ein unglaubliches Talent in Evander schlummert: Er kämpft durchweg gegen ältere Jungs und gewinnt bis zum Alter von elf Jahren trotzdem jeden Kampf. Konsequent geht er in den nächsten Jahren seinen Weg, bald ist er in seiner Altersklasse der beste Amateurfighter Georgias. Aber da ist ja noch eine andere Leidenschaft: American Football. Sein Ziel ist es, für die Atlanta Falcons zu spielen, doch der Traum platzt in der Highschool; für einen Football-Profi ist er einfach zu klein. Macht nichts, es gibt ja einen Plan B: B wie Boxen, dem sich Evander nun vollends verschreibt. Bald ist er einer der besten Amateurkämpfer des Landes und wird einer breiteren Öffentlichkeit bekannt, als er 1984 das Golden-Gloves-Turnier im Halbschwergewicht gewinnt und bei den im gleichen Jahr ausgetragenen Olympischen Sommerspielen in Los Angeles die Bronzemedaille – Gold wird ihm nur durch eine fragwürdige Disqualifikation im Halbfinale verwehrt. Während der Spiele in Los Angeles erhält Evander auch seinen Spitznamen »The Real Deal« (Der einzig Wahre).

»WAS ZÄHLT, IST NICHT DIE KÖRPERGRÖSSE EINES MENSCHEN, SONDERN DIE GRÖSSE SEINES CHARAKTERS.«

Evander Holyfield

UNGLAUBLICHES STEHVERMÖGEN

Ausgestattet mit einer beeindruckenden Amateurbilanz (160 Siege, 14 Niederlagen), wechselt Evander Holyfield im November 1984 ins Profilager, vorerst als Cruisergewichtler. Im Boxring räumt »The Real Deal« alles ab. In Erinnerung bleibt vor allem der historische Fight gegen WBA-Champion Muhammad Qawi am 12. Juli 1986, der als bester Cruisergewichtskampf aller Zeiten in die Boxgeschichte eingeht: Die beiden boxen über die vollen 15 Runden, schenken sich nichts. Keiner weicht auch nur einen Zentimeter zurück. Und obwohl Holyfield und Qawi am Ende völlig ausgepumpt sind, kämpfen sie bis zum bitteren Ende unter Volldampf. Als Holyfield schließlich zum Sieger erklärt wird, kann er kaum den Arm heben und wird völlig dehydriert und um 15 Pfund leichter ins Krankenhaus eingeliefert. Der Kampf offenbart auch Holyfields ganze Stärke, seine exzellente Technik, seine Willenskraft und vor allem sein unglaubliches Stehvermögen. Im Rückblick hält Evander Holyfield diesen Kampf gegen Qawi für den größten seiner Karriere, selbst spätere Ringschlachten mit den Schwergewichtstitanen sollten dagegen verblassen. Aber erstmal setzt sich die Siegesserie fort: Von Rickey Parkey holt sich Holyfield den IBF-Titel und erboxt später gegen Carlos De Leon auch den der WBC. Wie Mike Tyson bei den schweren Jungs, so trägt Holyfield nun die Kronen aller drei Weltverbände und ist in seiner Klasse der unangefochtene Champion. Weil es im Cruisergewicht aber nichts mehr zu gewinnen gibt und kein ernsthafter Herausforderer in Sicht ist, wechselt Evander Holyfield in die Königsklasse.

DER NEUE CHAMPION

Der Einstieg ins Reich der Schwergewichtler fällt nicht leicht. Holyfield, seit jeher kein guter Esser, muss sich anstrengen, das nötige Gewicht auf die Waage zu bringen. Manche Gegner sind fast 20 Kilo schwerer als er – ein gefundenes Fressen für die Medien, die Evander als künstlich aufgepumpten Cruisergewichtler verspotten, dem in der Königsklasse schnell die Luft ausgehen würde. Im Juli 1988 bestreitet Holyfield erfolgreich seinen ersten Schwergewichtskampf und knockt danach ein halbes Dutzend Gegner aus, darunter Michael Dokes, dem er den WBC-Titel in einem faszinierenden Fight abnimmt. Am Ende läuft alles auf eine Begegnung mit dem »Baddest Man on the Planet« hinaus. Doch nachdem Mike Tyson seine Krone überraschend an James »Buster« Douglas abgeben muss, ist das vorerst kein Thema mehr. Stattdessen geht es am 25. Oktober 1990 gegen den Tyson-Bezwinger. Und für Holyfield wird es ein Kinderspiel. Douglas ist nicht austrainiert und schon in der 3. Runde nach einer schweren Rechten am Ende. Offensichtlich will er nichts riskieren – die 20 Millionen Dollar Prämie sind ihm ja sicher. Auch wenn der Sieg wenig glanzvoll ist: Evander Holyfield besitzt nun die Weltmeistertitel der drei relevanten Weltverbände WBA, IBF und WBC. Als »Undisputed Heavyweight Champion of the World« ist er legitimer Nachfolger von Mike Tyson. Doch ganz so unangefochten ist Holyfield als Champion in der Öffentlichkeit dann doch nicht. Alle verlangen, dass er jetzt endlich gegen Tyson antritt. Und Evander Holyfield möchte es ja auch: So einigt man sich auf einen Kampftermin. Doch Tyson muss wegen Vergewaltigung ins Gefängnis, und der Plan platzt.

BIG DADDY UND FAN MAN

Holyfield geht unterdessen seinen Weg. Zunächst verteidigt er am 19. April 1991 seine drei Kronen gegen eine lebende Legende: George Foreman will es mit 42 Jahren noch einmal wissen. Und der ehemalige

IBF-Schwergewichts-Boxweltmeister Michael Moorer drängt Evander Holyfield in der 5. Runde des Kampfes am 22. April 1994 in eine Ecke. Holyfield verliert den ersten Fight der beiden Champions knapp nach Punkten. Während des Kampfes erleidet er einen Herzanfall.

Champion hält sich auch hervorragend und geht mit seinem jüngeren Gegner über die volle Distanz. Am Ende gewinnt Evander Holyfield einstimmig nach Punkten und verschafft sich als Champion Reputation. Glänzend verkauft sich auch »Smoking« Bert Cooper, gegen den Holyfield am 23. November 1991 antritt. Der Champion gewinnt zwar durch K.o. in der 7. Runde, muss allerdings einen Niederschlag hinnehmen – den ersten in seiner Karriere als Boxer. Im Juni 1992 wartet erneut ein betagter Gegner: Der Ex-Champion Larry Holmes, mit 42 Jahren so alt wie Foreman, versucht erneut, seinen Titel zurückzuerobern, verliert allerdings nach Punkten. Den erhofften Respekt, den ein würdiger Champion verdient, kann sich Holyfield mit Kämpfen gegen diese »Box-Opas« letztendlich nicht verschaffen. Jetzt muss endlich ein hochkarätiger Gegner her, und mit Riddick Bowe (»Big Daddy«) wird er gefunden. Am 13. November 1992 liefern sich die beiden über zwölf Runden einen actiongeladenen und hochklassigen Kampf. Es ist eine heroische Schlacht. Beide gehen ans Limit, und vor allem die 10. Runde gilt als Sternstunde in der Geschichte des Schwergewichtsboxens.

Am Ende verliert Holyfield nach Punkten: Die erste Niederlage seit über zehn Jahren kostet ihn den Weltmeistertitel. Frustriert erklärt er seinen Rücktritt, macht dann aber doch weiter. So schlägt er Riddick Bowe am 6. November 1993 im Rückkampf, der ihm jedoch nur zwei seiner drei verlorenen Kronen einbringt, da Bowe seinen WBC-Titel zuvor niedergelegt hatte. Bei diesem Kampf kommt es übrigens zu einem Zwischenfall, der vielen Boxfans in Erinnerung ist: In Runde 7 landet ein Paraglider in der Arena. Durch den bizarren Auftritt dieses »Fan Man« – wie der Pilot später genannt wird – muss der Fight in der 7. Runde für fast eine halbe Stunde unterbrochen werden.

HERZATTACKE IM RING

Evander Holyfield kann seinen Ruhm nicht lange genießen: Schon am 22. April 1994 verliert er die frisch erworbenen Titel im Kampf gegen Michael Moorer – allerdings ausgesprochen unglücklich: Als Holyfield Moorer in der 2. Runde mit einer mächtigen Linken zu Boden schlägt, fühlt er schon beim Ausführen des Schlages einen furchtbaren Schmerz im Oberarm – er ahnt, dass in diesem Moment etwas Schlimmes passiert ist. Obwohl der Arm immer stärker schmerzt und im Kampf nahezu nutzlos ist, quält sich Holyfield über die volle Distanz und verliert am Ende nur knapp nach Punkten. Nach dem Fight wird festgestellt, dass Holyfield im Ring einen Herzanfall erlitten hat und sich glücklich schätzen muss, noch zu leben. Bei weiteren medizinischen Untersuchungen im Krankenhaus wird ein angeborener Herzfehler festgestellt, und es sieht so aus, als ob seine Boxkarriere beendet sei. »The Real Deal« erklärt abermals seinen Rücktritt. Aber Holyfield hat ja eigentlich keinen Grund zu klagen: Er ist reich, frisch verliebt, lebt in einer Riesenvilla und erfüllt sich dann noch einen Traum: Bei den Olympischen Spielen in Atlanta 1996 trägt Evander Holyfield die Olympische Fackel ins Stadion. Er übergibt die Flamme an Schwimmerin Janet Evans, die sie wiederum an Muhammad Ali weiterreicht, der das Olympische Feuer entzündet. Aber da ist auch eine erneute Familientragödie, die alles überschattet: Im März 1996 kommt seine geliebte Mutter bei einem Autounfall ums Leben.

»THE BITE«

Nachdem Mike Tyson wieder auf freiem Fuß ist, schreit die Boxwelt nach einem Showdown der Giganten – und erhält ihn: Am 9. November 1996 stehen sich Mike Tyson und Evander Holyfield im Kampf um den WBA-

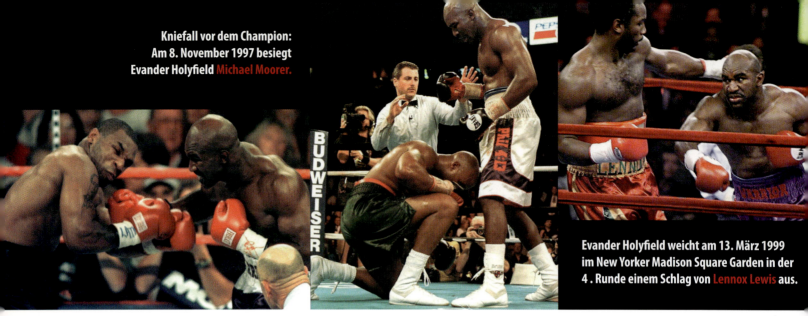

Kniefall vor dem Champion: Am 8. November 1997 besiegt Evander Holyfield Michael Moorer.

Evander Holyfield weicht am 13. März 1999 im New Yorker Madison Square Garden in der 4. Runde einem Schlag von Lennox Lewis aus.

Im Kampf am 28. Juni 1997 beißt Mike Tyson Evander Holyfield ein Stück vom Ohr ab.

Titel in Las Vegas gegenüber. Holyfield gilt, auch wegen seiner Herzprobleme, als Außenseiter. Er selbst hat sich längst entschieden weiterzuboxen, an sein Herz denkt er nicht mehr. Holyfield trainiert wie ein Verrückter und geht voller Selbstvertrauen in den Ring. Er wirkt völlig austrainiert und präsentiert sich technisch und taktisch in erstklassiger Verfassung. Und so ist es kein Wunder, dass er den Fight durch Technischen K.o. in der 11. Runde für sich entscheidet. Evander Holyfield hat jetzt alles erreicht und dreimal den Titel errungen, was außer ihm nur Muhammad Ali schaffte. Dann posaunen die Medien, Holyfield habe nur Glück gehabt, und verlangen einen Rückkampf. Und Evander kann das nur recht sein, zumal das abermalige Antreten 33 Millionen Dollar in seine Tasche spülen wird.

Am 28. Juni 1997 treffen Mike Tyson und Evander Holyfield in Las Vegas erneut aufeinander. Es wird einer der denkwürdigsten Kämpfe der Boxgeschichte: In den ersten beiden Runden liegt Evander vorne, und die Menge feuert ihn an. Dann die dramatische Runde 3: Tyson beginnt stark und boxt so aggressiv, wie man es von ihm gewohnt ist. Die Zuschauer freuen sich auf einen harten und langen Kampf. Doch dann passiert es: Noch etwa 40 Sekunden sind bis zum Gong zu fighten, da hüpft Holyfield plötzlich wie Rumpelstilzchen im Ring umher und zeigt auf sein rechtes Ohr. Schiedsrichter Mills Lane unterbricht den Kampf, holt den Ringarzt, und der stellt entgeistert fest, dass Tyson ein Stück von Holyfields Ohr abgebissen hat. Der Ringrichter will Tyson disqualifizieren, doch Holyfield, verärgert, enttäuscht und blutüberströmt, bittet: »Lasst ihn mich k.o. schlagen!« Tyson kommt mit einer Punktstrafe davon, der Kampf wird fortgesetzt. Dann – unfassbar – beißt Tyson zum zweiten Mal zu. Ein Stück von Holyfields Ohr liegt auf der Matte. Trotzdem wird bis zum Gong weitergekämpft. Aber das war's für Mike »Dracula« Tyson: Er wird disqualifiziert, und Evander Holyfield kann sich nach »The Bite« den WBA-Gürtel umschnallen.

Evander Holyfields Comeback nimmt weiter Fahrt auf. Am 8. November 1997 besiegt er Michael Moorer, gegen den er 1994 so unglücklich verloren hatte, und sichert sich den IBF-Titel. Um wieder alle Kronen in seinen Händen zu halten, muss WBF- und IBF- Champion Holyfield jetzt »nur« noch WBC-Weltmeister Lennox Lewis schlagen. Doch der Plan misslingt: Nach einem Unentschieden im Hinkampf am 13. März 1999 unterliegt Evander Holyfield im Rückkampf am 13. November 1999. Holyfields Regentschaft ist unweigerlich zu Ende. Der Mann, der die Schwergewichtsszene der 1990er Jahre dominierte, wird nie mehr an seine frühere Glanzzeit anknüpfen können.

DIE LETZTEN JAHRE IM RING

Für Aufsehen sorgt Evander Holyfield, als er sich am 12. August 2000 im Kampf gegen John Ruiz den WBA-Titel zurückholt und von seinen Fans als »erster vierfacher Weltmeister« gefeiert wird – wen interessiert da schon, dass er den Gürtel im Rückkampf wieder abgeben muss? Doch es werden auch immer mehr Stimmen laut, die meinen, dass es jetzt genug sei. Aber Holyfield macht weiter, muss nach einem Sieg über Ex-Champion Hasim Rahman am 1. Juni 2002 jedoch eine Reihe von Niederlagen hinnehmen. In den USA wird Evander Holyfield sogar gesperrt, um ihn vor sich selbst zu

John Ruiz schlägt Evander Holyfield am 3. März 2001 beim Kampf in Las Vegas zu Boden. Manche meinen, jetzt sei es Zeit für Holyfield abzutreten.

20. Dezember 2008: Evander Holyfield im Kampf gegen WBA-Champion Nikolai Walujew.

schützen. Doch was macht Holyfield? Die Bürokratie interessiert ihn nicht, und so feiert er am 18. August 2006 mit einem Sieg über Jeremy Bates ein erneutes Comeback, wird aber am 13. Oktober 2007 durch den WBO-Weltmeister Sultan Ibragimow in Moskau ausgebremst. Doch Holyfield will wieder einen Titel und versucht es nochmal, diesmal gegen WBA-Champion Nikolai Walujew, gegen den er am 20. Dezember 2008 durch ein umstrittenes Urteil nach Punkten verliert. Und es geht immer weiter: Mit 47 Jahren steigt er am 10. April 2010 gegen den Südafrikaner Francois Botha erneut in den Ring und nimmt ihm die WBF-Krone ab. Der Sieg am 7. Mai 2011 gegen Brian Nielsen in Dänemark bleibt eine Fußnote.

DEN TITEL IMMER NOCH VOR AUGEN

Die späten Erfolge werden überschattet von privaten Problemen. So soll Evander Holyfield mehr Geld in den Sand gesetzt haben als Mike Tyson. Man sagt, er habe in seiner Karriere 350 Millionen Dollar verdient – Geld, das ihm nur so durch die Finger rinnt. Am Ende wird er wie viele alternde Champions von Schulden erdrückt. Im Jahr 2012 versteigert er sein mit 109 Wohnzimmern und 17 Bädern ausgestattetes, palastartiges Haus südlich von Atlanta und zieht in ein bescheidenes Appartement. Aber es ist ja auch früher nicht alles nach Plan gelaufen. So sind seine beiden Ehen gescheitert, wohl auch wegen zahlreicher Seitensprünge. Am Ende ist Holyfield Vater von neun, teils unehelichen Kindern. Doch mit all dem kommt er offensichtlich ganz gut klar – er liebt seine große Familie.

Nunmehr 50 Jahre alt, denkt Evander Holyfield überhaupt nicht an einen Rücktritt als Profiboxer, sondern wartet immer noch auf seine ganz große Chance. Er hat keine Lust mehr, gegen unbedeutende Gegner anzutreten, es muss schon ein großer Name sein. »Ich werde wieder einen Weltmeisterschaftskampf haben«, verspricht er. Und Evander Holyfield trainiert weiterhin jeden Tag, um auf einem Top-Level zu bleiben: Es könnte ja sein, dass morgen jemand anruft – am liebsten Wladimir oder Vitali Klitschko, gegen die Evander Holyfield so gerne antreten würde. Und dann möchte er vorbereitet sein und es allen nochmal zeigen.

Evander Holyfield

GEBURTSNAME: Evander Holyfield
KAMPFNAME: The Real Deal
GEBURTSTAG: 19. Oktober 1962
GEBURTSORT: Atmore, Alabama (USA)
NATIONALITÄT: USA
WELTMEISTER IM SCHWERGEWICHT: 1990-1992 IBF, WBA & WBC; 1993-1994 IBF & WBA; 1996-1997 WBA; 1997-1999 IBF & WBA; 2000-2001 WBA

KÄMPFE: 57
SIEGE: 44
K.-O.-SIEGE: 29
NIEDERLAGEN: 10
UNENTSCHIEDEN: 2
KEINE WERTUNG: 1

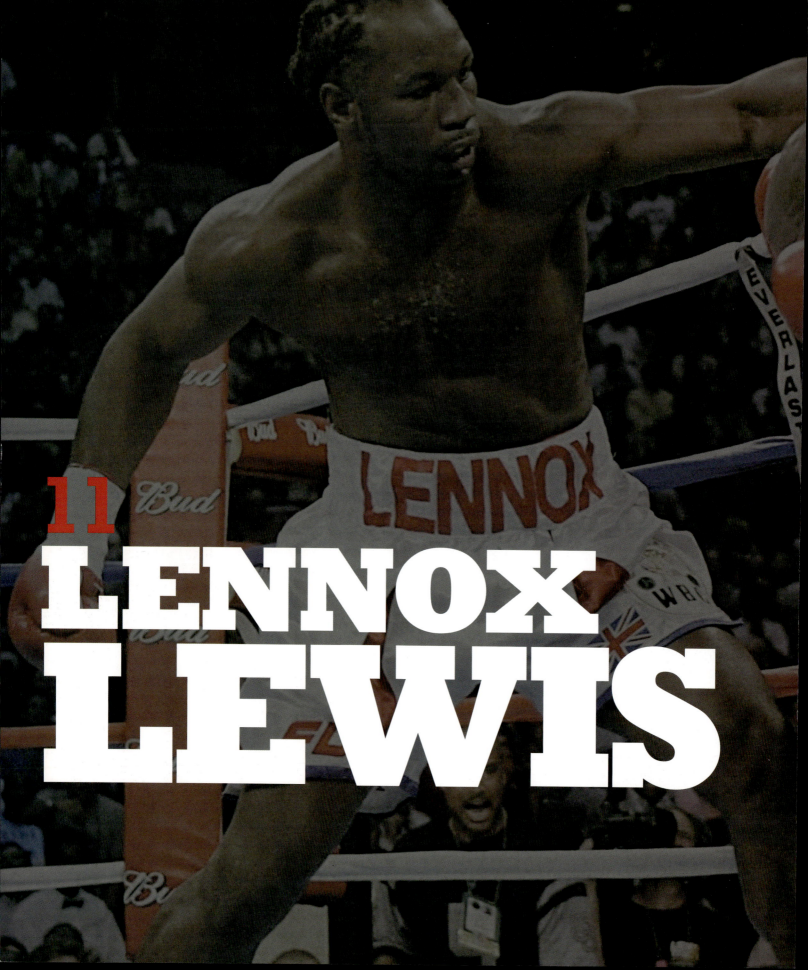

11 LENNOX LEWIS

8. Juni 2002, Memphis, Tennessee: Lennox Lewis holt zu einem Schlag gegen Mike Tyson aus, während dieser in Deckung geht.

Lennox Lewis jubelt nach seinem Sieg über Oliver McCall 1997.

The Lion

Lennox Lewis ist der erfolgreichste britische Boxer aller Zeiten. Mehrmals hält »The Lion« den Titel im Schwergewicht, zudem ist er Europa- und Commonwealthmeister. Ein cooler und sympathischer Gentlemantyp, der Mut und Charakter beweist. Lennox Lewis überlegt jeden Schritt genau und hat ein gutes Gespür fürs Timing, auch als er auf dem Höhepunkt seiner Karriere abtritt. Seine beeindruckende Bilanz: 41 Siege, zwei Niederlagen.

DER TRAUM VOM GOLD

Lennox Lewis wird am 2. September 1965 in West Ham, London, geboren. Seine Eltern stammen aus Jamaika. Schon bei der Geburt ist er ein schwerer Junge, bringt fast fünf Kilo auf die Waage – später werden es 113 sein. Als Lennox zwölf Jahre alt ist, landet er in Kanada, wo er mit seiner Mutter Violet in Kitchener lebt, einer Stadt südlich von Toronto. Lennox ist ein Außenseiter und wird wegen seines Londoner Cockney-Akzents von den kanadischen Kids verspottet. »Ich danke ihnen für die Sticheleien, denn die Kämpfe, die ich mit ihnen austrug, brachten mich zu Boxen«, so Lennox Lewis im Rückblick. Ja, es ist der Sport, der Lennox Respekt verschaffen wird: Er spielt begeistert Canadian Football, Fußball und Basketball. Und als einer der Star-Athleten in der Highschool wird er von Mädchen nur so umschwärmt. Lennox probiert es auch mal mit Boxen – und wird süchtig. Bald ist er Stammgast im örtlichen Boxclub, wo er mit Arnie Boehm einen hervorragenden Trainer findet, der ihn über viele Jahre begleiten wird. Als Sparringpartner halten Schulkameraden her, und bald sieht sich Lennox schon als Schwergewichtsweltmeister.

Als Amateur tritt der Junge zunächst für seine kanadische Wahlheimat an und dominiert bald die Konkurrenz. Lennox bestreitet 94 Amateurkämpfe und erleidet nur elf Niederlagen. Ein erster großer Erfolg ist 1983 der Titel im Superschwergewicht bei der Juniorenweltmeisterschaft in der Dominikanischen Republik. Dann nimmt Lennox 1984 im Alter von 18 Jahren an den Olympischen Spielen in Los Angeles teil, wo er im Viertelfinale dem späteren Goldmedaillengewinner Tyrell Biggs unterliegt – eine bittere Enttäuschung! Obwohl lukrative Angebote vorliegen, wechselt Lennox nicht ins Profilager. Er hat einen klaren Plan und trainiert die nächsten vier Jahre für seinen großen Traum: Gold in Korea. In Folge gewinnt er zahlreiche Titel, darunter 1986 die Goldmedaille bei den Commonwealth-Spielen – und dann steht er 1988 bei den Olympischen Spielen

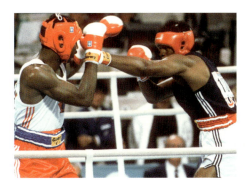

Bei den Olympischen Sommerspielen von Seoul im September 1988 kämpft Lennox Lewis im Finale gegen Riddick Bowe und gewinnt die Goldmedaille.

»ICH GEBE NIEMALS EIN COMEBACK.«

Lennox Lewis

in Seoul tatsächlich im Finale. Sein Gegner ist Riddick Bowe. Lewis schlägt ihn und erhält die Goldmedaille im Superschwergewicht.

DAS TURNIER DER BESTEN

Lennox Lewis geht zurück nach England, um dort seine Profikarriere zu starten. Doch mit offenen Armen wird er nicht empfangen, denn auf der Insel sieht man seine doppelte Staatsbürgerschaft skeptisch und verspottet ihn als Kanadier, der jetzt in England lebt. Lewis selbst hat dazu eine klare Position. »Ich bin immer ein Engländer gewesen, auch als wir von England nach Kanada ausgewandert sind.« Und für ihn ist es daher logisch, dass er fortan für Großbritannien antreten wird. Am 27. Juni 1989 gibt Lewis in der Londoner Royal Albert Hall sein Debut als Profi und schlägt dabei den Briten Al Malcolm k.o. Danach gewinnt er zwei Dutzend Kämpfe in Folge, unter anderem holt er sich am 31. Oktober 1990 im Fight gegen den Franzosen Jean Chanet den Titel des Europameisters und wird am 30. April 1992 nach einem Sieg über Derek Williams Commonwealthmeister. Es zeigt sich, dass der Kampfstil von Lennox Lewis nicht besonders spektakulär ist, manchmal wirkt er im Ring sogar etwas lethargisch. Aber das täuscht. Lewis ist immer hellwach, nur darauf wartend, seinen Gegner explosionsartig zu überfallen. Und mit der Zeit wird er immer besser. Dann kommt es zu einem »Turnier«, bei dem die vier besten Schwergewichtler zeitversetzt gegeneinander antreten und um den Titel des unangefochtenen Weltmeisters kämpfen – man sehnt sich mal wieder nach einem echten, über alle Verbandsquerelen erhabenen Champion. Lennox Lewis soll gegen den Kanadier Donovan »Razor« Ruddock boxen und im Falle eines Sieges danach gegen den Gewinner des Kampfes zwischen Evander Holyfield und Riddick »Big Daddy« Bowe antreten. Am 31. Oktober 1992 macht Lewis in dem mit Spannung erwarteten Kampf gegen Ruddock den ersten Schritt. Die Sache ist kurz und schmerzvoll: Bereits Ende der 1. Runde wird Ruddock von einem rechten Hammer zu Boden geschlagen und nur vom Gong gerettet. In der 2. Runde demontiert ihn Lewis schließlich mit einer Salve gnadenloser Punches – und das ist das Ende. Spätestens mit diesem beeindruckenden Kampf hat sich Lennox Lewis den Respekt der Fachwelt verschafft. Die »große britische Hoffnung« ist jetzt der Top-Herausforderer des Champions und wird als neuer Stern am Schwergewichtshimmel gehandelt. Derweil erledigt Riddick Bowe am 13. November 1992 seinen Part und schafft einen spektakulären Sieg über Evander Holyfield, womit er die Titel der drei Weltverbände WBC, WBA und IBF innehat. Damit müsste es nun, wie abgemacht, zum Showdown zwischen ihm und Lewis kommen. Doch Bowe weigert sich, seinen WBC-Titel gegen Lewis zu verteidigen – und lässt alle wissen, was er vom WBC hält, indem er den WBC-Gürtel vor laufenden Kameras mit großer Geste in eine Mülltonne gleiten lässt. Nach diesem Eklat wird Bowe der Titel aberkannt und Lennox Lewis kampflos zum WBC-Weltmeister erklärt. Damit ist er der erste britische Champion seit der Regentschaft von Bob Fitzsimmons vor über 100 Jahren. Doch da Lewis den Gürtel nicht im Ring erkämpft hat, bleibt ein fader Nachgeschmack.

Seiltanz in der 5. Runde.

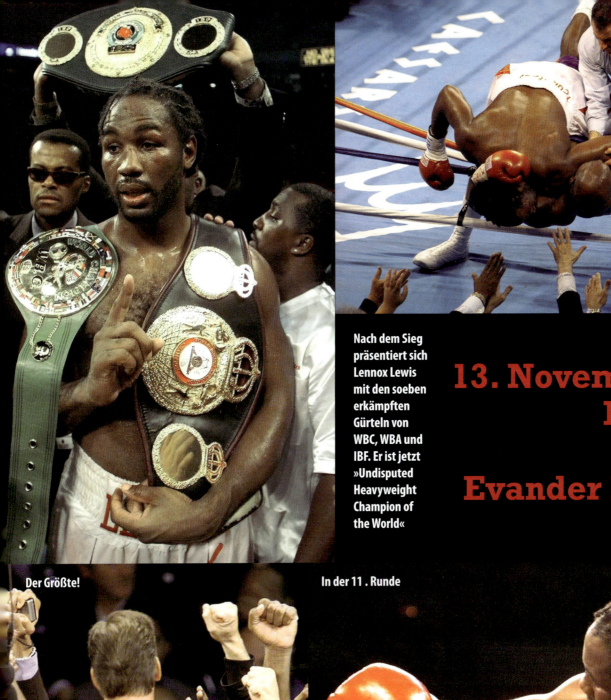

Nach dem Sieg präsentiert sich Lennox Lewis mit den soeben erkämpften Gürteln von WBC, WBA und IBF. Er ist jetzt »Undisputed Heavyweight Champion of the World«

13. November 1999. Las Vegas. Sieg über Evander Holyfield.

Der Größte!

In der 11. Runde

Lennox Lewis beim Training im Mandalay Bay Hotel in Las Vegas. Er bereitet sich auf den bevorstehenden Kampf mit Evander Holyfield am 13. November 1999 vor.

TRÄNEN IM RING

Seinen geschenkten Titel verteidigt Lennox Lewis dreimal erfolgreich, erstmals am 8. Mai 1993 gegen Tony Tucker, später gegen Phil Jackson und Frank Bruno. Am 24. September 1994 tritt Lennox Lewis dann in der Londoner Wembley Arena gegen den Außenseiter Oliver McCall an. Der fasst sich ein Herz und schlägt Lewis in der 2. Runde mit einem kraftvollen rechten Haken zu Boden. Lewis kommt bei »6« wieder hoch, wirkt etwas benebelt, möchte aber weiterboxen, doch der mexikanische Ringrichter Jose Guadalupe Garcia bricht den Kampf ab. Damit verliert Lewis seinen WBC-Titel und erleidet, für alle völlig unerwartet, seine erste Niederlage als Profiboxer. Garcia wird später vorgeworfen, er habe den Fight viel zu früh abgebrochen. Nach der Niederlage verpflichtet Lennox Lewis Emanuel Steward als Trainer. Eine hervorragende Wahl, denn mit Steward, der Lewis bis ans Karriereende betreuen wird, verfeinert sich die Technik seines Schützlings zusehends. Durch eine Reihe von Siegen – unter anderem gegen Lionel Butler, Tommy Morrison und Ray Mercer – boxt sich Lewis zurück an die Spitze. Und am 7. Februar 1997 holt er beim Rückkampf gegen Oliver McCall den vakanten WBC-Titel zurück. Der Kampf ist einer der seltsamsten der Boxgeschichte: McCall, mit den Nerven offensichtlich am Ende, ist im Ring völlig passiv, dreht Lewis den Rücken zu und fordert ihn geradezu zum Knockout heraus. Nach Ende der 4. Runde geht er nicht in die Ecke, sondern wandert konsterniert im Ring herum, ihm kommen sogar die Tränen. McCall geht zwar noch in die 5. Runde, doch Ringrichter Mills Lane bricht den Kampf bald ab.

Im WBC-Titelkampf im Februar 1997 gegen Lennox Lewis erleidet Oliver McCall mitten im Kampf einen Nervenzusammenbruch. Ringrichter Mills Lane führt den weinenden Boxer aus dem Ring.

DREI KRONEN

Nach mehreren Siegen steigt Lennox Lewis schließlich zum lange ersehnten Kampf gegen WBA- und IBF-Champion Evander Holyfield in den Ring. Der mit Spannung erwartete Vereinigungskampf findet am 13. März 1999 im New Yorker Madison Square Garden statt. Es geht über die volle Distanz, doch spektakulärer

Lennox Lewis am 15. Juli 2000 im Kampf gegen Francois Botha. Lewis gewinnt durch Knockout in der 2. Runde.

als der Kampf selbst ist das Ergebnis: Obwohl Lewis seinen Gegner klar dominiert, urteilen die Kampfrichter kontrovers: Der Südafrikaner Lou Christoudoulou sieht Lewis mit drei Punkten vorn. Für den Briten Larry O'Connel ist es ein Unentschieden. Unverständnis ruft die Entscheidung der Amerikanerin Eugenia Williams hervor, die Holyfield mit zwei Punkten vorne sieht. Am Ende wird der Fight mit einem skandalumwitterten Unentschieden gewertet. Und so bleibt vorerst alles offen, bis Lennox Lewis Evander Holyfield am 13. November 1999 im unausweichlichen Rückkampf einstimmig nach Punkten besiegt. Nach vielen Jahren gibt es nun endlich wieder einen unangefochtenen Champion, der die Titel von WBC, WBA und IBF in seiner Person vereint: Er heißt Lennox Lewis und ist Großbritanniens erster »Undisputed Heavyweight Champion of the World«. Der Ruhm weckt Neid, und wer könnte schärfer auf die Gürtel sein als Mike Tyson, der seine Ansprüche bald lautstark geltend macht? Lewis' Siege über Michael Grant, Francois Botha und David Tua im Jahr 2000 sind nur ein Vorspiel. Und auch der Kampf gegen Hasim Rahman am 21. April 2001 in Johannesburg sollte eigentlich Routine sein. Doch Lewis unterschätzt den Gegner und geht in der 5. Runde durch einen »Lucky Punch« k.o., besiegt Rahman dann aber am 17. November 2001 im Rückkampf. Doch der richtige Kracher steht ja erst noch bevor.

»DER LETZTE SCHANDFLECK«

Das Jahr 2002 steht ganz im Zeichen des bevorstehenden Tyson-Kampfes. Und wie so oft sorgt Iron Mike im Vorfeld für Wirbel. So kommt es am 22. Januar 2002 während einer Pressekonferenz in New York zu einer Massenprügelei, und im allgemeinen Tumult beißt Tyson wieder einmal zu. Diesmal knabbert er Lewis' Oberschenkel an. Schon vorher hatte Tyson seinen Kontrahenten verbal unmäßig angegriffen: Er werde Lewis das Herz herausreißen und dessen Kinder fressen. Lewis ist ebenfalls auf 180 und verspricht, »den Boxsport von seinem letzten Schandfleck zu befreien«. Die Veranstalter sind aufs Schlimmste vorbereitet und treffen für den Kampf, der am 8. Juni 2002 in Memphis, Tennessee stattfindet, nie dagewesene Sicherheitsvorkehrungen: Das Wiegen wird so organisiert, dass sich beide Boxer nicht begegnen. Beim Einmarsch in die Arena werden Tyson und Holyfield nach Waffen durchsucht. Und nach dem Betreten des Rings bilden Sicherheitsleute eine menschliche Schutzmauer, um die Boxer auf Distanz zu halten. Auch »Shake Hands« sind nicht denkbar. Alle erwarten eine brutale Ringschlacht, doch der Kampf verläuft unspektakulär. Lewis zieht sein Ding durch, beweist Stehvermögen und knockt den erschöpften und aus mehreren Wunden blutenden Tyson in der 8. Runde mit einem rechten Haken aus. Der Mythos Tyson ist zerstört, und Lennox Lewis wird als neue Lichtgestalt des Schwergewichtsboxens gefeiert. Der Mann muss jetzt nichts mehr beweisen.

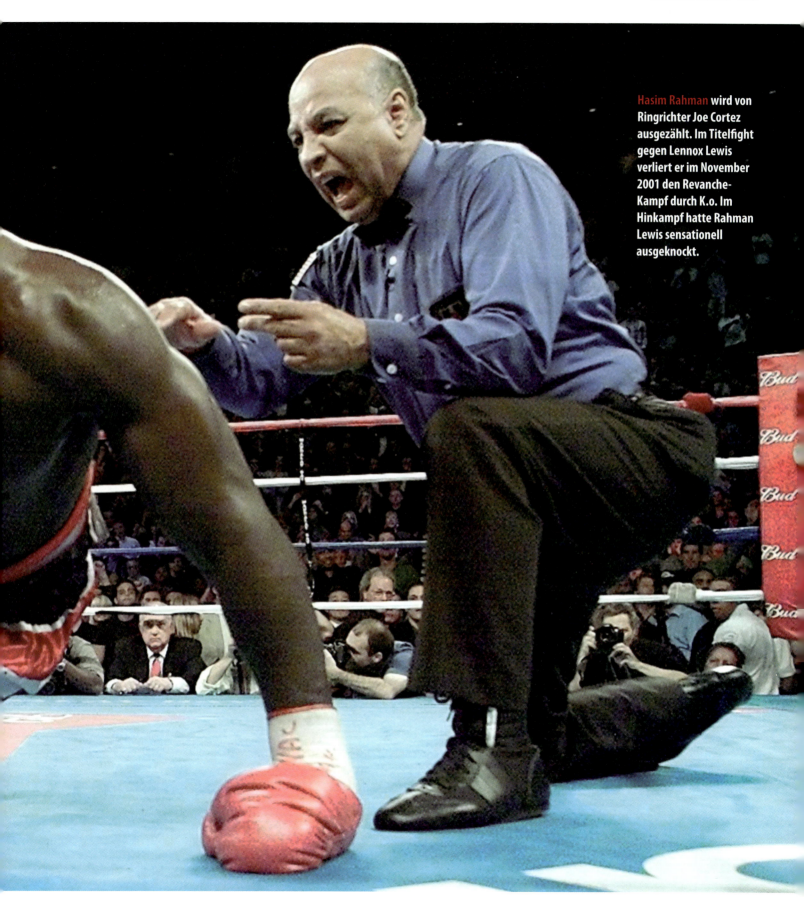

Hasim Rahman wird von Ringrichter Joe Cortez ausgezählt. Im Titelfight gegen Lennox Lewis verliert er im November 2001 den Revanche-Kampf durch K.o. Im Hinkampf hatte Rahman Lewis sensationell ausgeknockt.

Lennox Lewis während seines erfolgreichen Titelkampfes gegen **Vitali Klitschko** am 21. Juni 2003 in Los Angeles.

GEGEN VITALI KLITSCHKO

Am 21. Juni 2003 kommt es im Staples Center Los Angeles zum Fight gegen Herausforderer Vitali Klitschko. Es ist ein Kampf der Giganten. Noch nie standen sich in einer Schwergewichtsweltmeisterschaft zwei so schwere Boxer gegenüber: Beide bringen über 110 Kilo auf die Waage. Dann der Gong zur 1. Runde: Der Beginn ist nervös, aber Klitschko macht gegen Lewis eine gute Figur. Runde 2: Gegen Mitte der Runde setzt Klitschko eine sensationelle Rechte ans Kinn des Gegners. Lewis ist beeindruckt, versucht zu klammern, Klitschko setzt nach, der Weltmeister taumelt. Doch Lewis erholt sich. Es kommt zum offenen Schlagabtausch. Beide sind gezeichnet, müde, teilen aber weiter aus. Runde 3: Jetzt kommt Lewis mit Macht. Und: Er fügt Klitschko einen tiefen Cut über dem linken Auge zu. Klitschko ist beeinträchtigt, kann nicht mehr richtig sehen. Lewis schlägt immer wieder auf die Wunde, die größer wird. Runde 4: Lewis stürmt überfallartig auf Klitschko zu, schubst ihn, und beide gehen zu Boden. Die Kämpfer sind ausgepumpt. Jetzt kommt es nur noch darauf an, wer austrainierter ist, das bessere Stehvermögen hat. Runde 5: Beide Boxer hoffen nur noch auf den Glückstreffer, der alles entscheidet, kaum denkbar, dass dieser harte Kampf über die volle Distanz gehen wird. Runde 6: Eine schöne Rechte von Klitschko, dann feuert Lewis explosionsartig einen rechten Aufwärtshaken an Klitschkos Kinn – ein Treffer, der andere ins Reich der Träume befördert hätte.

Lennox Lewis gibt auf einer Pressekonferenz mit seiner Freundin Violet Chang seinen Rücktritt bekannt.

Klitschko, blutüberströmt, steckt ihn weg. Am Ende der Runde torkeln beide nur noch durch den Ring. Dann die Kampfpause: In der Ecke wird Klitschkos tiefe Wunde behandelt. Auch Ringarzt Paul Wallace schaut sich die Verletzung an – und empfiehlt, der Schlacht ein Ende zu setzen. Der Kampf wird abgebrochen. Klitschko will es nicht wahrhaben, möchte unbedingt weiterboxen. Er provoziert Lewis, muss zurückgehalten werden. Dann hebt er die Fäuste und wird vom Publikum als Sieger der Herzen gefeiert. Lewis, der alte und neue Weltmeister, hat den Kampf gewonnen, doch Klitschko, der soviel Mut und Kampfgeist gezeigt hat, ist der Held des Abends. Vitali Klitschko hat der Welt beweisen, dass er kein Weichei ist. Am Ende erweist sich der Abbruch als einzig vernünftige Entscheidung, denn die tiefe Wunde, die mit Dutzenden von Stichen genäht werden muss, hätte bei Fortsetzung des Kampfes bleibende Schäden verursachen können. Lennox Lewis sagt seinem Gegner noch im Ring einen Rückkampf zu, doch dazu wird es nicht kommen: Der Sieg gegen Klitschko ist sein letzter Kampf als Profi-Boxer. Am 6. Februar 2004 erklärt er seinen Rücktritt vom Boxsport. Nach Gene Tunney und Rocky Marciano ist Lennox Lewis erst der dritte Schwergewichtler, der als regierender Champion abtritt.

Am 15. Juli 2005 heiratet Lennox Lewis seine Freundin Violet Chang, mit der er vier Kinder hat. Er zieht mit der Familie nach Miami Beach. Comebackgerüchte, die immer wieder in Umlauf gebracht werden, streitet er umgehend ab.

Lennox Lewis

GEBURTSNAME: Lennox Claudius Lewis
KAMPFNAME: The Lion
GEBURTSTAG: 2. September 1965
GEBURTSORT: West Ham, London (Großbritannien)
NATIONALITÄT: Großbritannien
WELTMEISTER IM SCHWERGEWICHT: 1992-1994 WBC; 1997-1999 WBC; 1999-2000 WBC, WBA & IBF; 2000-2001 IBF & WBC; 2001-2002 IBF & WBC; 2002-2004 WBC

KÄMPFE: 44
SIEGE: 41
K.-O.-SIEGE: 32
NIEDERLAGEN: 2
UNENTSCHIEDEN: 1

12 DIE KLITSCHKOS

Die Klitschkos 133

Zwei Brüder, zwei Sieger: Wladimir und Vitali Klitschko nach einem gewonnenen Kampf.

Zwei starke Brüder

Vitali und Wladimir Klitschko dominieren die Schwergewichtsszene seit Jahren. Das liegt an ihren boxerischen Fähigkeiten, ihrer Willensstärke und ihrem großen Kämpferherz. Sie erleben in ihrer Karriere alle Höhen und Tiefen. Aber wenn sie am Boden sind, schaffen sie es immer wieder aufzustehen – und das macht den wahren Champion aus. Die Klitschko-Brüder beweisen zudem, dass Kampf und Kultur kein Widerspruch sein müssen. Sie zeigen Stil, im Ring und außerhalb.

FRÜHE ANFÄNGE IM SOWJETREICH

Man kennt das Bild: Nach dem Fight hält sich einer der Klitschkos ein Handy ans Ohr. Er ruft die Mutter an, die während der Kämpfe ihrer Kinder immer aufgeregt ist und alleine spazieren geht. In der Regel hört sie dann, dass alles gut ist. Die Familie steht bei den Klitschkos über allem. Das war schon immer so. Und wer verstehen möchte, was diese Familie so eng zusammenschweißt, muss weit zurückblicken in die Zeit des Sowjetreiches. Der Vater ist damals Offizier der Sowjetarmee, wird oft versetzt und zieht mit seiner Familie in die verstecktesten Ecken des riesigen Landes. So wird Vitali Klitschko am 19. Juli 1971 in Belovodsk (Kirgistan) geboren, und Wladimir Klitschko erblickt am 25. März 1976 in Semipalatinsk (Kasachstan) das Licht der Welt. Da auch die Mutter berufstätig ist, passt Vitali auf seinen kleinen Bruder auf und nimmt diese Pflicht mit großer Verantwortung wahr. Aufgrund der vielen Ortswechsel besuchen die Kinder immer wieder andere Schulen, wo es gilt, sich gegen Gleichaltrige durchzusetzen. Und sie verschaffen

---

VITALI KLITSCHKO

- **16. November 1996** In seinem ersten Profikampf siegt Vitali Klitschko gegen **Tony Bradham** durch K.o. in der 2. Runde.
- **24. Oktober 1998** Durch den Sieg über **Mario Schießer** erlangt Vitali Klitschko seinen ersten bedeutenden Titel: Er ist jetzt Europameister im Schwergewicht. Es folgen 24 K.-o.-Siege hintereinander.
- **26. Juni 1999** Durch seinen Sieg über **Herbie Hide** erlangt Vitali Klitschko den WBO-Weltmeistertitel; er verteidigt den Gürtel zweimal erfolgreich.

- **1. April 2000** Überraschende Niederlage gegen **Chris Byrd**. Verlust des WBO-Gürtels. Vitali Klitschko muss in der 9. Runde wegen einer Verletzung in der linken Schulter aufgeben. In den USA wird ihm mangelnder Kampfgeist vorgeworfen, er wird als »Weichei« verspottet.

WLADIMIR KLITSCHKO

- **16. November 1996** Wladimir Klitschko bestreitet in Hamburg seinen ersten Profikampf. Er besiegt **Fabian Meza** durch K.o. in der 1. Runde. Es folgen zwei Dutzend Siege.
- **5. Dezember 1998** Niederlage gegen **Ross Puritty**. Nach einem Niederschlag in der 10. Runde wird Wladimir Klitschko, der große Konditionsprobleme offenbart, in der Folgerunde aus dem Kampf genommen. Danach feiert er 16 Siege in Folge.

- **14. Oktober 2000** Ein Sieg über **Chris Byrd** bringt Wladimir den WBO-Titel ein.
- **8. März 2003** Nach mehreren erfolgreichen Titelverteidigungen verliert Wladimir den WBO-Gürtel an den Südafrikaner **Corrie Sanders.** Klitschko geht in dem Kampf viermal zu Boden.

136 Die Klitschkos

Wladimir Klitschko in Aktion gegen Sultan Ibragimow während des Titelvereinigungskampfes am 23. Februar 2008 im Madison Square Garden in New York.

Ringrichter Robert Byrd zählt Wladimir Klitschko an, der nach einem Treffer von Lamon Brewster am 10. April 2004 in Las Vegas am Boden liegt.

Am 11. Dezember 2004 knockt Vitali Klitschko den Briten Danny Williams aus.

VITALI KLITSCHKO

25. November 2000
Nach der Verletzungspause feiert Vitali Klitschko durch einen Sieg über Timo Hoffmann im Kampf um den Europameistertitel ein glänzendes Comeback. In Folge boxt er sich durch eine Reihe siegreicher Kämpfe wieder an die Spitze der Ranglisten und steigt zum Herausforderer des WBC-Champions Lennox Lewis auf.

21. Juni 2003
Im Titelkampf gegen Lennox Lewis beeindruckt Vitali Klitschko durch seinen Kampfgeist. Die dramatische Ringschlacht wird allerdings wegen eines schweren Cuts über seinem linken Auge nach der 6. Runde abgebrochen – bis dahin hatte Vitali Klitschko nach Punkten vorne gelegen.

24. April 2004
Im WBO-Titelkampf gegen Corrie Sanders demonstriert Vitali Klitschko sein ganzes Können. In einem mitreißenden Fight besiegt er den Südafrikaner – und rächt damit seinen Bruder, den Sanders im März 2003 besiegt hatte.

WLADIMIR KLITSCHKO

10. April 2004
Wladimir Klitschko unterliegt im Weltmeisterschaftskampf gegen Lamon Brewster und verpasst damit die Chance, den vakanten WBO-Gürtel zurückzuerobern. Wieder hat er Probleme mit der Kondition. Man befürchtet, dass Wladimir Klitschkos Karriere vor dem Ende steht – doch sie beginnt erst: Nach dieser schlimmen Niederlage wird er keinen Kampf mehr verlieren.

Frühjahr 2004
Wladimir Klitschko startet einen Neuanfang. Die Brüder trennen sich von Universum Box-Promotion und gründen mit K2 Promotion ein eigenes Promotionunternehmen. Wladimirs neuer Trainer wird Emanuel Steward.

24. September 2005
Es geht gegen Samuel Peter, ein echter Kracher! Wladimir muss in Runde 5 zwei Niederschläge hinnehmen, gewinnt am Ende aber knapp nach Punkten – und ist jetzt berechtigt, um den Weltmeistertitel zu kämpfen.

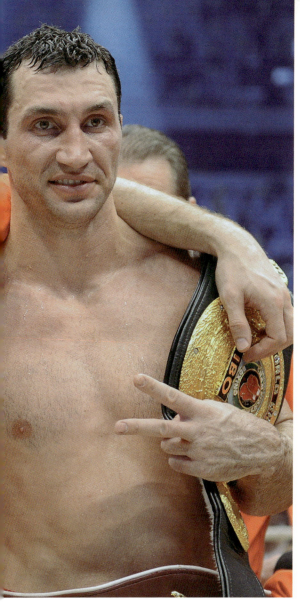

Wladimir Klitschko (r.) und sein Bruder Vitali freuen sich nach Wladimirs Sieg gegen Eddie Chambers am 20. März 2010.

sich Respekt: Als ein Junge einmal Vitalis Mütze in eine Pfütze wirft, bezahlt er das mit einer gebrochenen Nase. 1985 zieht die Familie nach Kiew, wo die Brüder im Armeesportclub das Boxen lernen. Der 14-jährige Vitali widmet sich zuerst vor allem dem Kickboxen, wird ukrainischer Meister und Meister der Sowjetunion. Als Mitglied der sowjetischen Junioren-Nationalmannschaft gelangt er dann im Frühjahr 1989 sogar nach Florida, um dort gegen die US-Jugendnationalmannschaft zu kämpfen – und für den jungen Mann erweist sich der Sunshine State als wahres Paradies. Er ist begeistert von Coca Cola, schlendert staunend durch die Shopping Malls und wundert sich, wie freundlich die Leute im Land des vermeintlichen Erzfeindes doch sind.

Als Vitali Klitschko 1995 bei der Amateurboxweltmeisterschaft in Berlin kämpft, wird man auf ihn aufmerksam. Der Boxclub Flensburg ist gerade auf Talentsuche und verpflichtet den jungen Mann. Doch da Vitali Klitschko gesperrt ist, wird kurzum der jüngere Bruder nach Flensburg geschickt – was soll's: Er räumt sofort alles ab. Schon 1996 steht Wladimir Klitschko auf dem Höhepunkt seiner Amateurkarriere und gewinnt die Goldmedaille im Superschwergewicht bei den Olympischen Spielen in Atlanta.

IM PROFI-UNIVERSUM

Nach dem Olympiasieg erhalten die Brüder einen Anruf von Don King. Er lädt sie auf einen Besuch in die USA ein und will sie als Profis unter Vertrag nehmen, doch die Klitschkos haben kein gutes Gefühl und lehnen ab.

11. Dezember 2004
Eigentlich soll es jetzt gegen **Mike Tyson** gehen, doch nach dessen Niederlage gegen Danny Williams boxt Vitali Klitschko eben gegen Williams und verteidigt seinen Titel gegen den Briten durch TKO in Runde 8. Dies wird vorerst Vitali Klitschkos letzter Kampf sein.

9. November 2005
Geplagt von zahlreichen Verletzungen, gibt Vitali Klitschko das Ende seiner Karriere als Profiboxer bekannt.

11. Oktober 2008
Vitali Klitschko entscheidet sich für ein Comeback. Nach fast vier Jahren Pause steht er gegen **Samuel Peter** im Ring. Er dominiert seinen Gegner, der nach der 8. Runde aufgibt. Damit ist Klitschko der vierte Boxer, der es schafft, zum dritten Mal einen Weltmeistertitel zu gewinnen. Zudem tragen nun erstmals in der Geschichte des Boxens zwei Brüder gleichzeitig den Titel eines Schwergewichtsweltmeisters.

22. April 2006
In der Mannheimer SAP-Arena steht Wladimir Klitschko **Chris Byrd** im Kampf um die IBF-/IBO-Weltmeisterschaft gegenüber – und gewinnt. Er verteidigt seinen Titel danach mehrmals, unter anderem am 10. März 2007 gegen Ray Austin.

7. Juli 2007
Mit einem klaren Sieg über **Lamon Brewster** revanchiert sich Wladimir für die einstige Niederlage.

23. Februar 2008
Im New Yorker Madison Square Garden kommt es zum Titelvereinigungskampf gegen den russischen WBO-Weltmeister **Sultan Ibragimow.** Wladimir gewinnt den Kampf deutlich nach Punkten und besitzt nun auch den WBO-Gürtel.

12. Juli 2008
Wladimir verteidigt den WBO-Titel gegen **Tony Thompson** am 12. Juli 2008 durch einen K.-o.-Sieg in der 11. Runde.

13. Dezember 2008
Wladimir besiegt **Hasim Rahman** durch TKO in Runde 7.

»WIR HABEN VERSPROCHEN GESCHICHTE ZU SCHREIBEN. NUN, WIR HABEN ES GETAN.«

Vitali & Wladimir Klitschko

Stattdessen unterzeichnen sie beim Hamburger Boxstall Universum Box-Promotion des Promoters Klaus-Peter Kohl und feiern alsbald ihre ersten Erfolge als Profis. Mit ihrer imposanten Erscheinung sorgen die Klitschkos schnell für Aufsehen: Etwa zwei Meter groß, mehr als 100 Kilo schwer, enorm in der Reichweite, technisch brillant, taktisch versiert, voller Kampfgeist und Stehvermögen sind die Brüder Naturgewalten im Ring. Zwar hat jeder seinen unverwechselbaren Kampfstil und geht auch boxerisch seinen eigenen Weg, doch über all die Jahre geben sich die Brüder gegenseitig psychischen Halt und passen aufeinander auf. Wenn der eine im Ring kämpft, sekundiert der andere. Und wenn der eine verletzt ist, springt der andere ein, wie beim Kampf gegen Kevin Johnson im Dezember 2009. Und manch ein Laie wird es kaum merken, denn die beiden gleichen sich wie Zwillinge.

Aber so naheliegend die Konkurrenz der regierenden Weltmeister auch sein mag: Sie sind Brüder und werden niemals gegeneinander kämpfen – das haben sie der Mutter versprochen.

ECHTE VORBILDER

Seit 1996 leben die Klitschkos in Deutschland und sind in der Öffentlichkeit beliebt wie kaum ein anderer Sportler. Das liegt auch daran, dass sie so gar nicht dem herkömmlichen Underdog-Image des Schwergewichtsboxers entsprechen. Es gibt weder Skandale noch großmäulige Sprüche – da zeigt sich, dass die Brüder gut erzogen wurden. Beide Doktoren der Sportwissenschaften, hätten sie auch einen anderen Weg einschlagen können, aber Vitali und Wladimir Klitschko wählen ein Leben als Profiboxer. Es ist eine freiwillige Entscheidung, die sie nicht bereuen werden, denn sie haben Boxgeschichte geschrieben und finden in ihrem gefährlichen »Job« Erfüllung.

Die Klitschko-Brüder sind echte Vorbilder, denn sie stehen nicht nur in der Arena ihren Mann, sondern auch außerhalb des Boxrings, wo sie sich sozial und politisch sehr engagieren. Mit ihrem bescheidenen und zurückhaltenden Auftreten sowie einem hintergründigen Humor sind sie einfach nur sympathisch – und die geborenen Champions!

VITALI KLITSCHKO

21. März 2009
Vitali Klitschko knockt **Juan Carlos Gómez** in der 9. Runde aus. Es ist sein 36. K.o. in 37 Kämpfen. Er ist damit der größte Knockouter aller Zeiten.

26. September 2009
Sieg über **Chris Arreola**, Los Angeles.

12. Dezember 2009
Weil sein Bruder verletzt ist, nimmt Vitali Klitschko für ihn den Kampf gegen **Kevin Johnson** wahr. Er gewinnt den Fight nach Punkten, es ist allerdings der erste Kampf seit fast zehn Jahren, den er nicht vorzeitig entscheiden kann. Die Statistik registriert 1.013 Schläge für Vitali Klitschko – Weltrekord!

29. Mai 2010
Sieg über **Albert Sosnowski**, Gelsenkirchen.

16. Oktober 2010
Sieg über **Shannon Briggs**, Hamburg.

19. März 2011
Sieg über **Odlanier Solis**, Köln.

WLADIMIR KLITSCHKO

20. Juni 2009
In der Gelsenkirchener Veltins-Arena geht es vor 61.000 Zuschauern gegen **Ruslan Tschagajew**. Wladimir schlägt den Usbeken in der 2. Runde nieder, platziert in Folge weitere Wirkungstreffer, bis dessen Trainer schließlich in Runde 10 das Handtuch wirft.

20. März 2010
Wladimir besiegt **Eddie Chambers**. Mit einem linken Haken schlägt er ihn am Ende der 12. Runde k.o.

11. September 2010
Wladimir gewinnt gegen **Samuel Peter**, den er völlig dominiert. In der 10. Runde taumelt Peter nur noch und geht zu Boden. Der Ringrichter bricht den Kampf ab. Damit ist der IBF-Titel verteidigt.

2. Juli 2011
Im Titelvereinigungskampf gegen **David Haye** holt sich Wladimir auch den WBA-Gürtel.

7. Juli 2012
Wladimir entscheidet die IBF-Titelverteidigung gegen **Tony Thompson** für sich.

Vitali und Wladimir Klitschko (l.) präsentieren ihre Weltmeistergürtel nach dem WBC-Titelkampf zwischen Vitali Klitschko und Tomasz Adamek am 10. September 2011.

Vitali Klitschko

KAMPFNAME: Dr. Eisenfaust
GEBURTSTAG: 19. Juli 1971
GEBURTSORT: Belovodsk (Kirgistan)
NATIONALITÄT: Ukraine
WELTMEISTER IM SCHWERGEWICHT: 1999-2000 WBO; 2004- 2005 WBC; seit 2008 WBC

KÄMPFE: 47
SIEGE: 45
K.-O.-SIEGE: 41
NIEDERLAGEN: 2

Wladimir Klitschko

KAMPFNAME: Dr. Stahlhammer
GEBURTSTAG: 25. März 1976
GEBURTSORT: Semipalatinsk (Kasachstan)
NATIONALITÄT: Ukraine
WELTMEISTER IM SCHWERGEWICHT: 2000-2003 WBO; seit 2006 IBF(/IBO); seit 2008 WBO; seit 2011 WBA

KÄMPFE: 62
SIEGE: 59
K.-O.-SIEGE: 51
NIEDERLAGEN: 3

10. September 2011
Sieg über **Tomasz Adamek**, Wroclaw.

18. Februar 2012
Sieg über **Dereck Chisora** nach zwölf Runden. Chisora sorgt vor allem außerhalb des Rings für Aufsehen, so ohrfeigt er Vitali beim Wiegen.

25. Oktober 2012
Wladimirs langjähriger Trainer **Emanuel Steward** stirbt. Neuer Trainer wird Johnathon Banks.

10. November 2012
Wladimir Klitschko besiegt den Polen **Mariusz Wach** nach Punkten.

BOXEN IN DEUTSCHLAND

Der Amerikaner **Michael Moorer** und Axel Schulz beim IBF-Weltmeisterschaftskampf im Schwergewicht am 22. Juni 1996 im Dortmunder Westfalenstadion. Der 28-jährige Moorer

Giuseppe Spalla besiegt Otto Flint am 17. Dezember 1920 in der 3. Runde.

Der deutsche Schwergewichtsmeister Hein ten Hoff im Kampf gegen Jersey Joe Walcott am 28. Mai 1950 in Mannheim. Der Amerikaner gewinnt den Kampf nach Punkten.

Vom Hinterhof in die Weltarena

ERSTE STARS

In Deutschland hat das Boxen Startschwierigkeiten, da es im Kaiserreich verboten ist. So kämpft man in Hinterhöfen. 1906 wird der bis heute bestehende SC Colonia 06 in Köln gegründet, Deutschlands erster Boxverein. Während des Ersten Weltkrieges kommen deutsche Soldaten in englischer Gefangenschaft mit dem Boxsport in Berührung und tragen nach ihrer Rückkehr zur wachsenden Popularität des Sports bei. Am 13. August 1919 wird **Otto Flint** erster Deutscher Meister im Schwergewicht und verteidigt den Titel am 4. Oktober 1919 gegen **Hans Breitensträter**. Am 23. April 1920 muss er ihn durch eine K.-o.-Niederlage an seinen Gegner abgeben – und Breitensträter steigt zum ersten deutschen Boxstar auf. Mit Max Schmeling erlebt das Boxen dann in den 1930er Jahren einen Boom in Deutschland. Und bei den Olympischen Spielen in Berlin 1936 erzielen deutsche Boxer ihren bislang größten Erfolg: Zweimal Gold, zweimal Silber und einmal Bronze.

SPEKTAKULÄRE RINGSCHLACHTEN

Einer der herausragenden deutschen Schwergewichtsboxer der Nachkriegszeit ist **Heinz Neuhaus,** der – auf eine erfolgreiche Amateurkarriere zurückblickend – nach dem Zweiten Weltkrieg ins Profilager wechselt. Mit seinen Gegnern liefert er sich spektakuläre Ringschlachten mit wechselndem Ausgang. In Erinnerung bleiben vor allem seine drei Kämpfe gegen Hein ten Hoff, darunter der legendäre Fight vom 20. Juli 1952 im Dortmunder Stadion Rote Erde, in dem er seinen Gegner in der 1. Runde ausknockt und Hein ten Hoff so unglücklich fällt, dass er sich ein Bein bricht.

Boxgeschichte schreibt **Karl Mildenberger** am 10. September 1966 im Frankfurter Waldstadion, wo er sich mit Muhammad Ali vor 45.000 Zuschauern eine mitreißende Ringschlacht liefert. Drei Runden traut man ihm gegen »den Größten« zu – zwölf hält er durch. Doch der Pfälzer hat auch viele andere Erfolge vorzuweisen. Den Auftakt bildet sein Sieg über Sante Amonti, der dem Rechtsausleger am 17. Oktober 1964 den Europameistertitel einbringt, den er sechsmal erfolgreich verteidigt. 1966 besiegt Mildenberger Eddie Machen, und 1967 steht er auf Platz 1 der Weltrangliste. Nachdem man Ali 1967 den Weltmeistertitel aberkannt hat, nimmt der Deutsche an einem von der WBA veranstalteten Ausscheidungsturnier um den vakanten Titel teil. Dabei erleidet Mildenberger gegen den Argentinier Óscar Bonavena am 16. September 1967 eine brutale Niederlage – er geht viermal zu Boden.

DER NEUE BOOM

Mit **Axel Schulz** und **Henry Maske** erlebt das Boxen in Deutschland dann einen neuen Boom. Wie Henry Maske unterschreibt Axel Schulz bei Wilfried Sauerland

Wer ist hier der Sieger? Am 22. April 1995 unterliegt Axel Schulz George Foreman. Die meisten sehen den 20 Jahre jüngeren Herausforderer als Sieger des WM-Kampfes.

und absolviert am 5. Oktober 1990 in Düsseldorf erstmals einen Profikampf gegen George Ajio, den er nach Punkten besiegt. Am 19. September 1992 wird er durch einen Erfolg über Bernd Friedrich Deutscher Meister. Unter die Top 12 der IBF-Rangliste katapultiert ihn dann am 17. September 1994 sein Sieg über den ehemaligen WBA-Champion James „Bonecrasher" Smith, was ihm letztlich auch den IBF-Titelkampf gegen 46-jährigen Altmeister George Foreman einbringt. Damit ergibt sich erstmals seit Max Schmeling wieder die Chance, dass ein Weltmeistertitel nach Deutschland gehen könnte. Schulz gilt als krasser Außenseiter, beweist am 22. April 1995 in Las Vegas aber großen Kampfgeist. Viele sehen ihn am Ende als Sieger, doch der Deutsche unterliegt Foreman knapp nach Punkten – ein äußerst umstrittenes Urteil. Schulz hat den Kampf zwar verloren, aber er verschafft sich mit seinem mutigen Auftreten in der Königsklasse großen Respekt.

Am 9. Dezember 1995 erhält er gegen Francois Botha eine weitere Titelchance und verliert diesen Kampf ebenfalls. Auch beim dritten Titelkampf am 22. Juni 1996 gegen Michael Moorer kann er sich nicht durchsetzen. Nach längerer Pause steigt Axel Schulz am 25. September 1999 schließlich zum Kampf um den Titel des Europameisters gegen Wladimir Klitschko in den Ring und wird von dem Ukrainer demontiert. Noch im Ring verkündet Axel Schulz den Rückzug vom Boxsport. Am 25. November 2006 versucht er gegen Brian Minto ein Comeback, scheitert aber – und erklärt jetzt seinen endgültigen Rücktritt.

18. September 1993: Wieder hat eine rechte Gerade von Henry Maske beim Herausforderer Anthony Hembrick eingeschlagen. Bei seiner ersten Titelverteidigung nach dem WM-Gewinn am 20. März 1993 beherrscht der 29-jährige Halbschwergewichts-Champion aus Frankfurt/Oder den unsauber boxenden Amerikaner souverän und gewinnt den Zwölf-Runden-Fight einstimmig nach Punkten. »Henry Maske ist ein großer Champion. Er gehört zu den besten Weltmeistern aller Klassen überhaupt«, so Trainer-Legende Angelo Dundee. Seit Anfang der 1990er machen deutsche Boxer auch in den unteren Gewichtsklassen international wieder auf sich aufmerksam. Anknüpfend an die Erfolge von Gustav »Bubi« Scholz und René Weller, erringen Kämpfer wie Henry Maske, Dariusz Michalczewski und Graciano Rocchigiani Weltmeistertitel.

FRAUENBOXEN

Jackie Frazier-Lyde (l.) und Laila Ali während eines Boxkampfes am 8. Juni 2000. Laila Ali tritt erfolgreich in die Fußspuren ihres Vaters Muhammad Ali. Die 23 Jahre alte Profiboxerin gewinnt das Prestige-Duell im Supermittelgewicht gegen die 16 Jahre ältere Jackie Frazier-Lyde über acht Runden nach Punkten und erkämpft damit den dritten Sieg in der spektakulären Familien-Fehde. Ihr Vater hatte 1974 und 1975 jeweils Joe Frazier bezwungen.

Sie ist das Siegen gewohnt: Regina Halmich mit WM-Gürtel.

Frauen-Power

EIN LANGER WEG IN DEN RING

Frauenboxen hat eine lange Geschichte. Schon 1722 stehen sich in London Frauen bei einem Boxkampf gegenüber, und für die USA ist der erste Frauenboxkampf 1876 nachgewiesen. Auch bei den Olympischen Spielen 1904 in St. Louis gibt es einen Schaukampf, doch dabei bleibt es vorerst, denn Frauenboxen ist in den meisten Ländern verboten. Pionierarbeit leistet später **Barbara »Mighty Atom« Buttrick,** eine der bekanntesten Frauenboxerinnen aller Zeiten. In den 1970er Jahren erhalten in den USA immer mehr Kämpferinnen Lizenzen. Und es ist **Cathy »Cat« Davis,** die es im August 1978 als erste und bislang einzige Frau auf die Titelseite des »Ring Magazine« schafft. In den 1990er Jahren kommt es in den USA dann zu einem wahren Boom des Frauen-Boxens, und schillernde Gestalten wie **Laila Ali** und **Jackie Frazier-Lyde** betreten die Bühne. Zudem ruft Barbara Buttrick die Women's International Boxing Federation ins Leben.

FRAUENBOXEN WIRD LEGAL

Eine gewisse Tradition besitzt das Frauenboxen auch in Deutschland. So schreibt der deutsche Boxpionier Paul Maschke (»Joe Edwards«) 1911 in »Boxen. Ein Fechten mit Naturwaffen«, dem ersten deutschen Boxlehrbuch, es gebe »keine Leibesübung, die den Damen jugendliche Grazie, geschmeidige Bewegungen und den Kern der Gesundheit besser bewahrt als das Boxen«. Erst nach dem Ende des Ersten Weltkrieges im Jahr 1918 wird Boxen allerdings in Deutschland überhaupt erlaubt, auch für Frauen, die fortan vor allem in den Berliner Varietétheatern und Salons boxen. Später ist Frauenboxen in der Weimarer Republik wieder tabu, doch wen stört das schon, wenn sogar eine Marlene Dietrich anfängt zu boxen und Fritz Kortner bei Max Schmeling Boxunterricht nimmt? Trotz Verbotes wird auch während der Nazizeit und nach dem Krieg im Rotlichtmilieu und auf Jahrmärkten weitergeboxt, bis es in den 1970er Jahren zu ersten ernsthaften Ansätzen kommt, das Frauenboxen als seriösen Sport zu etablieren. Doch die Offiziellen haben vorerst kein Einsehen, so sperrt sich der Bund Deutscher Berufsboxer lange gegen die Lizenzierung weiblicher Boxer. Also fighten die Frauen ohne Erlaubnis weiter, wie Brigitte Meereis und Ursula Döring, die 1976 in Westfalen öffentlich um Geld kämpfen. 1986 stellt sich **Birgit Nuako,** die erste deutsche Profiboxerin, in einem öffentlichen Sparring dem Publikum vor und tritt im gleichen Jahr in der ARD-Show »Mensch Meier« mit Alfred Biolek auf. 1994 beschließt der internationale Amateurbox-Verband (AIBA) endlich die Legalisierung des Frauenboxens, der Deutsche Verband folgt 1996.

DIE BOX-KÖNIGIN

Es ist schließlich **Regina Halmich,** die Frauenboxen in Deutschland populär macht. Im Jahr 2001 bricht die Karlsruherin Stefan Raab vor über sieben Millionen TV-Zuschauern in einem Schaukampf die Nase – damit ist sie auf einen Schlag berühmt. Das Interesse am Frauenboxen ist geweckt. Jetzt werden nicht mehr nur Show-Auftritte, sondern auch richtige Kämpfe im Fernsehen übertragen. Und Box-Königin Regina Halmich regiert unangefochten. Von 1995 bis 2007 ist sie Weltmeisterin, ihren Abschiedskampf am 30. November 2007 verfolgen 8,8 Milllionen Fernsehzuschauer. Mit Regina Halmich wird Frauenboxen populär, und viele wollen es ihr nachmachen: **Azize Nimani, Pina Yilmaz, Susi Kentikian, Nadia Raoui, Julia Sahin** – die Liste der deutschen Frauenboxerinnen ist lang.

Keine Frage: Frauenboxen stößt zusehends auf mediales Interesse, und der Erfolg des Kinofilms »Million Dollar Baby« von Clint Eastwood spricht für sich.

Bei den Olympischen Spielen 2012 in London kommt es dann zum Durchbruch: Endlich ist das Frauenboxen olympisch.

150 Frauenboxen

Frauenboxen in Berlin. Steffi Bernert geht gegen Pepi Fisher zu Boden und wird angezählt. Aufnahme vom 11. Juni 1921.

Die Anfänge

Damenboxen in Berlin, Foto um 1900.

Ein Foto vom 12. Dezember 1919, aufgenommen in England, in den frühen Zeiten des Frauenboxens. Für diese Dame ist Boxen ein Freizeitvergnügen.

Die Düsseldorfer Boxerin **Daisy Lang** zeigt den Weltmeister-Gürtel des Frauenweltverbandes WIBF nach ihrem Sieg über die Ungarin **Gizella Papp** am 17. Juli 1999. Die 27 Jahre alte Lang gewinnt durch TKO in der 8. Runde erstmals den WIBF-Weltmeistertitel im Junior-Bantamgewicht.

Frauenboxen heute

Susi Kentikian (l.) am 11. Oktober 2009 beim Kampf gegen Julia Sahin um den WM-Titel (WBA und WIBF). Kentikian entscheidet den Kampf für sich.

Nadia Raoui während des WM-Kampfes gegen die Thailänderin Samson Tor Buamas am 1. September 2012 in Oberhausen.

BACKGROUND-INFOS

Englische Preisboxer in Aktion (ca. 1840)

Diese Marmorbüste eines griechischen Boxers stammt aus dem frühen 4. Jahrhundert. Ausgestellt wird sie in der Carlsberg Glyptotek in Kopenhagen.

So sahen die Faustkämpfer der Antike aus: Bronzeskulptur von Apollonios, einem griechischen Bildhauer aus Athen (1. Jh. v. Chr.).

7. September 1892: John L. Sullivan im Kampf mit »Gentleman« Jim Corbett.

So fing alles an

BOXEN ANNO DAZUMAL

Schon 3000 v. Chr. finden in Ägypten Faustkämpfe statt. Später wird Boxen zum Teil der griechischen Körperkultur. Von Homer wissen wir, dass 688 v. Chr. erstmals Boxer bei Olympischen Spielen der Antike gegeneinander antreten, wobei sie Lederriemen statt Handschuhen tragen. Manche Faustkämpfer der Antike sind echte »Profis«, die Promoter haben und Preisgelder verdienen. Martialisch geht es dann bei den Römern zu, wo Gladiatoren mit Lederriemen gegeneinander kämpfen, an die Metallzacken angebracht sind, damit das Publikum möglichst viel Blut zu sehen bekommt. Nach dem Verbot der Gladiatorenkämpfe und der Olympischen Spiele versinkt Boxen für 1.000 Jahre in einen Dornröschenschlaf, um im 17. Jahrhundert auf Englands Jahrmärkten als »Prize Fight« mit bloßen Fäusten wieder aufzuwachen.

DAS MODERNE BOXEN

Im 18. Jahrhundert entwickelt sich das moderne Boxen. Aus der Taufe gehoben wird es in England von Pionieren wie **James Figg** (der 1720 die erste Boxschule gründet) und **Jack Broughton,** der 1743 ein erstes Regelwerk entwirft und als Erfinder der Boxhandschuhe gilt. Seit 1838 wird nach den London Prize Ring Rules gekämpft, bis der **Marquess von Queensberry** 1867 die »Regeln für das Boxen mit Handschuhen« einführt und damit die Grundlagen für den modernen Boxsport schafft. Die Regeln werden im Laufe der Zeit stetig optimiert, vor allem mit dem Ziel, die Sicherheit der Boxer zu erhöhen. Und Boxen wird immer populärer. So treten 1904 bei den Olympischen Spielen in St. Louis erstmals Boxkämpfer gegeneinander an. Mit Jack Dempsey wird das Boxen schließlich zum Massenereignis, das über 100.000 Menschen in die Arena zieht.

DIE KÖNIGSKLASSE

Besondere Faszination üben seit jeher die Kämpfe im Schwergewicht aus. 1882 wird **John L. Sullivan** erster Weltmeister der Königsklasse – mit bloßen Fäusten. Sullivan beherrscht den Ring zehn Jahre lang und wird zum ersten Superstar im Boxen. Als es »**Gentleman**« **Jim James Corbett** am 7. September 1892 in der 21. Runde schafft, John L. Sullivan auszuknocken, wird er erster Schwergewichtsweltmeister mit Handschuhen. Seit Corbett boxt man nur noch nach Queensberry-Art. Am 6. April 1893 liefern sich **Andy Bowen** und **Jack Burke** übrigens den längsten Boxkampf aller Zeiten. Er geht über 110 Runden und dauert sieben Stunden. Aber auch in Europa werden erste Erfolge gefeiert. So wird der Franzose George Carpentier nach seinem Sieg über den Briten Bombardier Well am 1. Juni 1913 erster Europameister im Schwergewicht.

Bob Arum, hier mit dem mexikanischen Profiboxer Jose Luis Castillo, ist der Erzrivale von Don King. Er promotetete die meisten Ali-Kämpfe. Der erste von ihm promotete Fight war 1966 der Kampf Muhammad Ali gegen George Chuvalo.

Berühmte Promoter

Es sind die Box-Promoter, die Boxer zum Star machen. Sie organisieren große Boxkämpfe, schließen Verträge mit TV-Sendern und präsentieren ihre Boxer in der Öffentlichkeit.

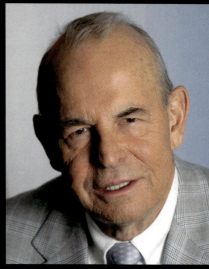

Wilfried Sauerland ist der berühmteste deutsche Promoter und Gründer von Sauerland Event, dem größten Veranstalter von Profibox-Events in Deutschland. In den 1980er Jahren nimmt Sauerland deutsche Boxer wie René Weller unter Vertrag, später dann auch Henry Maske und Axel Schulz, deren Kämpfe Mitte der 1990er Jahre einen Box-Hype in Deutschland auslösen. 2010 wird Wilfried Sauerland in die International Boxing Hall of Fame aufgenommen.

Schräge Kleider, teurer Schmuck, Zigarre im Mund und Starkstromfrisur. Der exzentrische Don King ist die Legende unter den Promotern. Sein Slogan: »Only in America«. 1974 wird er berühmt, als er den »Rumble in the Djungle« zwischen Ali und Foreman in Kinshasa organisiert. Und auch beim späteren »Thrilla in Manila« zwischen Ali und Frazier ist er mit von der Partie. Er vertrat unter anderem Evander Holyfield, Mike Tyson, Larry Holmes, Oliver McCall, Hasim Rahman, Chris Byrd und Lamon Brewster. 2008 bietet er Vitali Klitschko und Wladimir Klitschko 20 Millionen Euro für einen Kampf gegeneinander an – vergeblich.

Klaus-Peter Kohl: Für seine Universum Box-Promotion boxten u.a. die Klitschko-Brüder, Dariusz Michalczewski, Daisy Lang und Regina Halmich.

Background-Infos **155**

Angelo Dundee (30.8.1921 - 1.2.2012) trainierte 15 Boxweltmeister, unter ihnen Muhammad Ali. Ali und Dundee respektierten sich und wurden Freunde. Als die »Black Muslims« forderten, dass Ali sich von seinem weißen Trainer trennen solle, weigerte er sich – er wollte von keinem anderen als Dundee trainiert werden. Nach Alis Abgang trainierte Angelo Dundee Sugar Ray Leonard, den er die »kleinere Ausgabe von Ali« nannte. Zudem coachte Dundee Russell Crowe für die Rolle von James J. Braddock in »Cinderella Man«.

Trainer-Legenden

Constantine »Cus« D'Amato (17.1.1908 - 4.11.1985) galt als Meister der Ringtechnik. Er förderte die Karrieren Floyd Pattersons und Mike Tysons, für den er ein Ersatzvater war. Als Berater war er für viele weitere Boxer tätig, u.a. für Muhammad Ali. Er bildete auch selbst bekannte Trainer aus, darunter Teddy Atlas und und Kevin Rooney.

Emanuel Steward, (7.7.1944 - 25.10.2012) hier mit Wladimir Klitschko, betreute u.a. Michael Moorer, Evander Holyfield, Oliver McCall, Lennox Lewis und Wladimir Klitschko.

Fritz Sdunek, (geb.18.4.1947) hier mit Vitali Klitschko, ist der bekannteste deutsche Boxtrainer. Er trainierte in 40 Jahren rund 150 Boxer, darunter Wladimir Klitschko, Dariusz Michalczewski und Ralf Rocchigiani. Fritz Sdunek war von 1994 bis 2010 Trainer bei Universum Box-Promotion. Noch heute trainiert er Vitali Klitschko und Felix Sturm.

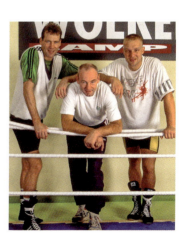

Manfred Wolke (geb. 14.1.1943) trainierte die Boxstars Henry Maske und Axel Schulz.

Wer hier aufgenommen wird, hat's geschafft.

DIE RUHMESHALLE

Die International Boxing Hall of Fame (IBHOF) ist die Ruhmeshalle des Boxsports. Boxer, die hier aufgenommen werden, sind echte Legenden. Die IBHOF liegt in Canastota (Bundesstaat New York). Aufgenommen werden Boxer frühestens fünf Jahre nach Ende ihrer Profikarriere. Die erste Hall of Fame wurde vom »Ring Magazine« begründet und war über Jahrzehnte im New Yorker Madison Square Garden beheimatet. 1990 erfolgte der Umzug in das neue Museum nach Canastota. Dort werden jedes Jahr im Juni im Rahmen von großen Feierlichkeiten neue Boxer in die Ruhmeshalle aufgenommen. Max Schmeling ist übrigens der einzige deutsche Profiboxer, der den Einzug in die Ruhmeshalle geschafft hat. Und: Im kalifornischen Riverside gibt noch eine weitere Ruhmeshalle, die »World Boxing Hall of Fame«

The Voice: Michael Buffer ist der bekannteste Ansager von Boxveranstaltungen. Sein Erkennungszeichen sind Smoking, Fliege und der weltberühmte, markenrechtlich geschützte Schlachtruf »Let's get ready to rumble«.

Facts

Sylvester Stallone als Rocky.

BOXERFILME
1956: Die Hölle ist in mir (mit Paul Newman)
1976: Rocky (mit Sylvester Stallone)
1980: Raging Bull (mit Robert de Niro)
1999: Hurricane (mit Denzel Washington)
2001: Ali (mit Will Smith)
2004: Million Dollar Baby (von Clint Eastwood)
2005: Das Comeback (mit Russell Crowe)
2008: Phantom Punch (über Sonny Liston)
2010: Schmeling (mit Henry Maske)
2011: Klitschko (von Sebastian Dehnhardt)

BOXVERBÄNDE
Im Bereich des Profiboxens gibt es vier bedeutende internationale Verbände, die den Weltmeistertitel vergeben:
International Boxing Federation (IBF),
www.wbcboxing.com
World Boxing Association (WBA),
www.ibf-usba-boxing.com
World Boxing Council (WBC),
www.wbanews.com
World Boxing Organization (WBO),
www.wboboxing.com
Jeder Verband vergibt einen eigenen Gürtel an den jeweiligen Weltmeister.

Weitere wichtige Verbände:
European Boxing Union (EBU), *www.boxebu.com*
Bund Deutscher Berufsboxer (BDB), *www.boxen-bdb.de*

DIE GEWICHTSKLASSEN

Minifliegengewicht:	47,627 kg
Halbfliegengewicht:	48,988 kg
Fliegengewicht:	50,802 kg
Superfliegengewicht:	52,163 kg
Bantamgewicht:	53,525 kg
Superbantamgewicht:	53,525 kg
Federgewicht:	57,153 kg
Superfedergewicht:	58,967 kg
Leichtgewicht:	61,235 kg
Halbweltergewicht:	63,503 kg
Weltergewicht:	66,678 kg
Halbmittelgewicht:	69,850 kg
Mittelgewicht:	72,574 kg
Supermittelgewicht:	76,203 kg
Halbschwergewicht:	79,378 kg
Cruisergewicht:	90,720 kg
Schwergewicht:	kein Limit

20. Juni 2009. 61.000 Zuschauer erleben den Boxkampf zwischen Wladimir Klitschko und Ruslan Tschagajew in der Gelsenkirchener Veltins-Arena, den Waldimir Klitschko durch Aufgabe des Gegners nach zehn Runden gewinnt.